FSC
www.fsc.org
MIX
Papier aus ver-
antwortungsvollen
Quellen
Paper from
responsible sources
FSC® C105338

AF388223

Für Uschi und Alex,

stellvertretend für alle wunderbaren Menschen
dieser Welt

Auf dieses so reiche Zeitalter,
...
ergießt sich eine Flut von Fakten – meteoritenhaft.
Sie liegen da, nicht hinterfragt und nicht geordnet.
Weisheiten genug, um uns zu erlösen,
werden täglich ersonnen, nur ist kein Webstuhl da,
der alles wohl zusammenfügt.

Edna St. Vincent Millay
amerikanische Lyrikerin

Die Zahl derer, die durch zu viele Informationen
nicht mehr informiert sind, wächst.

Rudolf Augstein
deutscher Publizist

Über den Autor:

Manfred Gutz, geboren 1940 in Bremerhaven, studierte als Stipendiat der Friedrich-Ebert-Stiftung Biologie, Chemie und Physik sowie Pädagogik und Philosophie an der Universität des Saarlandes in Saarbrücken. Nach Promotion in Biologie und Staatsexamen für das höhere Lehramt unterrichtete er Naturwissenschaften an einem Gymnasium und „Fachdidaktik Chemie" im Lehrauftrag an der Technischen Universität Kaiserslautern. An der FernUniversität Hagen studierte er zusätzlich Mediation. Noch heute ist er als Mediator tätig.

Mit Beiträgen in Zeitungen und Zeitschriften und nun auch mit einem kleinen Buch versucht der Autor, den Menschen und seine Welt zu erklären. Damit möchte er allen Orientierung Suchenden helfen, sich im „Informationsdschungel" unseres medial geprägten Zeitalters besser zurechtzufinden.

Für seine wissenschaftliche Arbeit und sein pädagogisches Engagement wurde er mehrfach ausgezeichnet:
„Prix des Éditeurs Français" vom Institut d'Études Françaises der Universität des Saarlandes, Saarbrücken, 1967
„Cornelsen Förderpreis für das Fach Chemie" von der Franz und Ruth Cornelsen Stiftung, Berlin, 1996
„Karl Heinz Beckurts-Preis für Lehrer des mathematisch-naturwissenschaftlichen Unterrichts" von der Karl Heinz Beckurts-Stiftung, München, 1998.

Dr. rer. nat. Manfred Gutz

Meine
Welt-Erklärung
auf dem
Bierdeckel

2., aktualisierte Auflage

„Teacher's Cut"

ISBN: 978-3-8334-1039-0

1. Auflage 2008
2., aktualisierte Auflage 2012

© Dr. Manfred Gutz

www.welt-erklaerung.de
www.mediation-dr-gutz.de

Titelgestaltung und Satz: WerbeWerkstatt,
Silke Kretzschmar, Kaiserslautern

Herstellung und Verlag:
Books on Demand GmbH, Norderstedt

Inhalt

Vorwort zur 2., aktualisierten Auflage

Eine „Welt-Erklärung", will sie zeitgemäß sein, verlangt in überschaubaren Zeitabständen nach einer Überprüfung der sie stützenden Fakten und Zahlen.
Es zeigte sich, dass nur in Details etwas geändert zu werden brauchte. Die Kernaussagen des Buches bewiesen ihre Gültigkeit. Manche von ihnen erfuhren sogar eine ausdrückliche Bestätigung. So nahm die Anzahl der Demokratien weiter zu, und die „Schwalben" des Arabischen Frühlings wurden zum Menetekel für alle Diktatoren. Auch die Globalisierung schritt weiter voran, zusätzlich angetrieben durch neue Kommunikationsmittel und soziale Netzwerke. Außerdem wurde die geäußerte Skepsis gegenüber der Kernenergie durch die Ereignisse in Fukushima mit einem Ausrufezeichen versehen.
Immer mehr drängt sich inzwischen die Erkenntnis auf, dass es der Mensch ist, der mit seinem aktiv agierenden, emanzipatorischen Bewusstsein die Erde entscheidend verändert und nachhaltig prägt. Viele Wissenschaftler, unter ihnen der Chemiker und Nobelpreisträger Paul Crutzen, sprechen deshalb bereits vom Beginn eines neuen Erdzeitalters: des „Anthropozäns" (anthropos, griech.: Mensch).
Ich wünsche meinen Lesern weiterhin viele erhellende Aha-Erlebnisse und den erhofften Erkenntnisgewinn!

Kaiserslautern, im Oktober 2012

Aus dem Vorwort zur 1. Auflage

Was ist der „Steuer-Erklärung" und der „Welt-Erklärung" gemeinsam? Zwei Dinge sind es.
Zum einen: Wir brauchen beide! Die Steuer-Erklärung als Grundlage für einen gerechten „Finanzausgleich"

im Rahmen der steuerfinanzierten gemeinnützigen Aktivitäten des Staates und die Welt-Erklärung als Orientierungshilfe in unserem an Informationsüberflutung leidenden technisch-medialen Zeitalter.

Zum anderen: Es gehört jeweils Sachverstand und Mut dazu, sie kurz und verständlich abzufassen, sie sozusagen auf den vielzitierten „Bierdeckel" zu bringen.

Das Buch enthält sieben Kapitel, die unabhängig voneinander zu lesen sind, die sich aber in der Zusammenschau mosaikartig zu einem verständlichen Bild vom Menschen und seiner Welt ergänzen.

Das erste Kapitel hat das menschliche Bewusstsein und seine Bedeutung für die Technik zum Thema. Es sind die Vielfalt und Leistungsfähigkeit der von unserem erfinderischen Bewusstsein geschaffenen Werk- und Denkzeuge, die uns von unseren tierischen Verwandten unterscheiden und uns ihnen überlegen machen.

Das zweite Kapitel handelt vom Streben des Menschen nach dem Schönen, Wahren und Guten. Es lässt sich zeigen, dass diese Eigenschaften im Dienste der Orientierung stehen und für den Menschen eine Überlebenshilfe darstellen.

Im dritten Kapitel wird beschrieben, woher der Mensch die Energie bezieht, mit der er seinen Organismus sowie seine Werkzeuge und Maschinen antreibt. In diesem Zusammenhang wird auch auf den prognostizierten menschengemachten Klimawandel eingegangen.

Das vierte Kapitel behandelt die besondere Bedeutung der Erziehung sowie des Lehrens und Lernens für den Menschen. Nur wenn diese Prozesse erfolgreich verlaufen, kann die Kulturfähigkeit des Menschen gesichert und fortentwickelt werden.

Das fünfte Kapitel schildert die Chancen und Risiken, die mit den Eingriffen des Menschen in den Aufbau der Erbsubstanz (die Gentechnik) und in die Weitergabe der Erbsubstanz (die Fortpflanzungsmedizin) verbunden sind.

Das sechste Kapitel gibt Auskunft darüber, wie Bewusstsein, Erkenntnisfähigkeit und Religiosität des Menschen miteinander in Beziehung stehen.

Im siebten Kapitel schließlich wird nach dem Sinn des Lebens gefragt. Dabei geht es um eine Betrachtung des Menschen in seiner Rolle als Naturwesen und als Kulturwesen, das heißt, um seine Funktion als „Werkzeug" der naturgewollten „Entropiemaximierung" (Unordnungsvermehrung) und als Protagonist einer ethisch erwünschten „Humanitätsmaximierung".

Das vorliegende Büchlein soll nicht nur eine Orientierungshilfe sein, sondern auch Mut machen, das Leben als Geschenk anzunehmen. Es möge deutlich werden, dass es für den Menschen genug Gründe gibt, optimistisch in die Zukunft zu schauen. Unsere Welt wird – wenn auch nur sehr langsam, aber doch erkennbar – immer menschlicher: Die Anzahl der Demokratien nimmt zu, die der zwischenstaatlichen Kriege ab; die Menschenrechte finden immer mehr Beachtung und ebenso die Empfehlungen und Entscheidungen der beratenden Gremien und Rechtsprechungsorgane der Vereinten Nationen. Damit wird es immer mehr Menschen möglich, an den einzigartigen Vorzügen des Menschseins teilzuhaben.

Dies alles verdanken wir, wie gezeigt wird, unserem Bewusstsein, der jüngsten Erfindung der Natur! Es schenkte dem Menschen sein Ich und seine Kultur und wird ihm bei vernunftgemäßer Anwendung und sich fortsetzender Bewusstseinserweiterung in Richtung einer Verwirklichung von mehr Humanität auch seine Zukunft sichern helfen.

Kaiserslautern, im Januar 2008

Kapitel 1

Prometheus sei Dank!

Vom Wesen und Werden menschlicher Technik

„Messer, Gabel, Schere, Licht..." sind zwar nichts für kleine Kinder, aber sind die Kinder einmal herangewachsen, wird von ihnen nicht nur der vertraute Umgang mit Messer und Gabel, sondern auch die sichere Beherrschung von Maschinen, Motoren und anderen komplizierten Geräten verlangt.

Der Mensch hat seinen natürlichen Organismus um vielerlei „künstliche Organe" erweitert. Und das nicht ohne Grund: „Der Mensch ist", wie der Philosoph und Soziologe Arnold Gehlen formulierte, „im Gegensatz zu allen höheren Säugern hauptsächlich durch Mängel bestimmt". Statt eines warmen Fells besitzt er eine nackte Haut, statt scharfer Krallen stumpfe Nägel, und auch was die Schärfe seiner Sinne angeht, übertreffen ihn die meisten anderen Tiere. Außerdem kommt der Mensch mit der Auflage zur Welt, erst durch mühsames Lernen aus Erfahrung klug zu werden, statt durch angeborene Instinkte vor aller Erfahrung klug zu sein.

Schon früh in seiner Geschichte versuchte der Mensch, diese Mängel auszugleichen: Er vervielfachte seine schwachen Kräfte durch Anfertigen von Werkzeugen und Waffen, legte sich zur besseren Orientierung weitere „Augen" und „Fühler" zu und steigerte seine Beweglichkeit durch die Erfindung „auto-mobiler" Wasser-, Land- und Luftfahrzeuge. Mit anderen Worten, er emigrierte aus der Welt der Natur in die Welt der Technik.

Die Technik verdankt der Mensch, wenn man dem griechischen Philosophen Plato glauben will, den Titanensöhnen Prometheus und Epimetheus. Sie erhielten, von den Göttern den Auftrag, die von Götterhand frisch geformten Lebewesen so mit Eigenschaften und Fähigkeiten auszustatten, dass sie auch überleben könnten. Da Epimetheus ein besonderes Interesse an dieser Aufgabe äußerte, überließ Prometheus seinem Bruder die Zuteilung: Dem einen Lebewesen verlieh Epimetheus scharfe Krallen, dem anderen schnelle Hufe, ein gutes Auge dem einen, ein sicheres Versteck dem anderen. So verfuhr er auch bei der Zuteilung von Nahrung und Nachkommenschaft, stets darauf bedacht, die Lebewesen vor gegenseitiger Ausrottung zu bewahren. Als dann schließlich auch das Menschengeschlecht an die Reihe kommen sollte, musste Epimetheus mit Entsetzen feststellen, dass sein Vorrat an Überlebensinstrumenten schon aufgebraucht war. So ganz ohne Schutz konnte er aber den Menschen nicht in die Natur entlassen! In seiner Not bat er Prometheus um Hilfe. Entschlossen, seinem Bruder zu helfen und der Menschheit das Überleben zu sichern, schlich er sich in die Werkstatt der Götter und stahl „dem Hephaistos und der Athena ihr kunstreiches Handwerk samt dem Feuer – denn es war unmöglich, es ohne Feuer zu erwerben oder nutzbar zu machen – und schenkte beides dem Menschen ... " Natürlich rächten sich die Götter: Prometheus musste, an einen Felsen des Kaukasus geschmiedet, für seine Freveltat büßen, und über die mit den göttlichen Gaben beschenkte Menschheit ergossen sich Elend und Übel aus der Büchse der Pandora.

Es ist das Wesen großer Geister, dass sie die Wahrheit, auch wenn sie sie nicht sehen können, doch erahnen. Plato hat insbesondere in zweierlei Hinsicht Recht:

Zum einen stimmt der Mythos von Prometheus mit den Aussagen der modernen Evolutionstheorie darin überein, dass gerade die mangelhafte Ausstattung des Menschen mit Spezialorganen und seine wahrhaft göttlich zu nennende Begabung mit „Hand und Hirn" – mit der Kunstfertigkeit des Hephaistos und der Weisheit der Athena – die typischen Merkmale des Menschen darstellen. Sie sind es auch, die dem Menschen den Zugang zur Technik (techne, griech.: jede Art von praktischer Tätigkeit) erschließen und ihm damit nicht nur das Überleben sichern, sondern ihn sogar, zumindest in den Augen der Biologen, zum „Volltreffer der Evolution" werden lassen. Zum anderen betont Plato zurecht die große Bedeutung des Feuers für den Menschen und damit jener körperfremden Energiequellen, die den Menschen erst in die Lage versetzen, sein Wissen und Können in den Dienst der Technik zu stellen: Pflanzen und Tiere vermögen körperfremde Energien, sofern sie ihnen überhaupt zuträglich sind, lediglich in Wachstums- und Vermehrungsprozesse des eigenen Körpers einfließen zu lassen. Anders verhält es sich beim Menschen. Er kann sie darüber hinaus für die Herstellung und den Betrieb von körperfremden Gebrauchs- und Luxusgegenständen nutzen. So kommen wir in den Genuss von warmer Kleidung und elektrischem Licht, von Auto und Fernseher. Prometheus sei Dank! Aber – und das konnte Plato nicht wissen – Kunstfertigkeit und Weisheit als auch die Fähigkeit zur Nutzung körperfremder Energiequellen, wie die des Feuers oder des Windes, wurden der Menschheit nicht einfach als Geschenk in die Wiege gelegt, sondern sind im Verlauf langer Entwicklungsprozesse erworben worden. Dabei ging es insbesondere um die biologische Evolution von „Hand und Hirn" und im Anschluss daran um das Auffinden und Ausnutzen immer effektiverer „Feuer" zur Herstellung immer leistungsfähigerer technischer Produkte. Diesen beiden geschichtlichen Prozessen gilt es nachzuspüren, wenn man das Wesen und Werden menschlicher Technik besser verstehen will.

Vom Greifen zum Begreifen

Bei den Lebewesen unterscheiden wir zwischen Pflanzen und Tieren. Pflanzen sind in unseren Augen „moralische" Geschöpfe: Sie nehmen mit ihren Blättern die Energie der Sonnenstrahlen in sich auf und produzieren mit ihrer Hilfe aus Wasser, Kohlenstoffdioxid und Salzen energiereiche organische Stoffe. Sie erwecken sozusagen Totes zum Leben. Tiere dagegen sind „unmoralisch": Sie töten, um aus der energiereichen Substanz des Getöteten – ob Pflanze oder Tier – jene Kraft zu ziehen, die sie für ihr eigenes Leben benötigen. Um stets genügend Beute machen zu können, entwickelten die Tiere Sinnes- und Bewegungsorgane, „erfanden" mehr oder weniger erfolgreiche Waffen und legten sich zur besseren Koordination und Steuerung all dieser Organe ein Nervensystem mit einem Gehirn als Schaltzentrale zu. Dabei zeigte sich: Je besser das Nervensystem, desto umfangreicher die Beute und umso größer das Durchsetzungsvermögen des Tieres. Die Primaten, zu denen die Affen und Menschen gehören, wurden die Primi unter den Tieren, da sie das beste Nervensystem ausbildeten. Dies war ihnen möglich, weil sie sich bei der Neuverteilung des „Pflanzenkuchens" vor etwa siebzig Millionen Jahren, als die Säugetier-Prototypen die weniger leistungsfähigen Saurier-Veteranen verdrängten, für die „Rosinen des Kuchens", das heißt, für die süßen Früchte in den Bäumen, entschieden. Früchte aber sind im Blattgewirr der Bäume schwer auszumachen. Außerdem ist eine große Geschicklichkeit erforderlich, um an sie heranzukommen. Deswegen waren nur diejenigen im Geäst der Bäume erfolgreich, die insbesondere ein gutes räumliches Sehen, eine exakt zupackende Greifhand und ein schnell arbeitendes Nervensystem entwickelten. Die Greifhand ermöglichte zudem das Festhalten und Zerkleinern der Beute. Bei den handlosen Säugern muss diese Arbeit ein starker Kiefer übernehmen. Er wurde deshalb relativ groß bei diesen Tieren. Der Kiefer des Primaten dagegen konnte klein bleiben und Platz lassen für die Vergrößerung des Vorderhirns. Ohne Hand kein Hirn! Hand und Hirn gingen eine erfolgreiche Ehe ein. Zum „Kinderzeugen" war es allerdings noch zu früh ...

Solcherart ausgestattet, wagte sich ein Teil der Baumbewohner auch unter die Bäume und in die freie Ebene. Sie ließen das Gewirr der Baumstämme, das wie ein Gitterwerk den schon so regen Geist gefangen hielt, hinter sich und eröffneten als Aufrechtgeher Hand und Hirn neue Freiheiten: Das sich weiter vergrößernde Vorderhirn bildete in sich eine Art Projektionsschirm aus, in dem sich das Lebewesen gleichzeitig als Subjekt und Objekt, als Handelndes und Behandeltes, betrachten konnte. Das Greifen hatte zum Begreifen geführt: zur Ausbildung des Bewusstseins! Die Natur hatte damit das Lebewesen „Tier" aus der paradiesischen Geborgenheit der Instinkte als „Mensch" in die riskierte Freiheit der Selbstbestimmung entlassen.

Erfahrung wird zum Wissen

Erste Hinweise für ein erwachtes Bewusstsein sieht die Wissenschaft in der Herstellung und dem Gebrauch von Werkzeugen. Die ersten Werkzeuge waren bezeichnenderweise solche, die die Effektivität der Hand verbesserten: Faustkeile und Knüppel, Hämmer und Speere erhöhten die „Hand"-lungsfähigkeit und „Macht" des Menschen gewaltig. Aber dabei blieb es nicht. Das Gehirn verbesserte jetzt das von der Hand geführte Werkzeug, das künstliche Organ, und dieses wiederum wirkte verbessernd auf das Gehirn: Aus dem geworfenen Stein wurde die Kanonenkugel, aus dem Lagerfeuer das Herdfeuer und aus dem Karren die Nobelkarosse.

Beschleunigt wurde die Entwicklung durch die Informationsträger Sprache und Schrift, mit denen sich das Bewusstsein Gehör verschafft und zu dokumentieren versteht. Bisher hatte sich die Natur zur Speicherung der Information des Erbguts und zu ihrer Weitergabe der mühsamen Fortpflanzung bedient. Indem der Mensch die Information in Worte packte, sie später sogar visualisierte und digitalisierte, machte er sie unabhängig vom Lebewesen, beschleunigte ihre Weitergabe und erschloss ihr neue Speichermöglichkeiten. Ein neu erworbenes erfolgreiches Verhalten brauchte jetzt nicht mehr in natura demonstriert und ein effektiveres Werkzeug nicht mehr neu erfunden zu werden. Jede neue Generation konnte nun auf dem Wissensfundus der älteren Generation aufbauen und noch komplexeres Wissen erschließen (siehe Kapitel 4).

In gleichem Maße wie dank neuer Informationstechniken Raum und Zeit für die Speicherung und den Transport von Wissen schrumpften, beschleunigte sich die Akkumulation von Wissen. Es erreichte einen Stand, der einige Wissenschaftler ermutigte, nach der Vervollkommnung so vieler anderer Organe durch Werkzeuge, sich nun auch der Verbesserung des Gehirns zuzuwenden und ein „Denkzeug" zu entwickeln. Neuartigen Computern soll mit Schaltungen nach dem Vorbild des Gehirns das Denken beigebracht werden. Ob dies je gelingt, darüber wird augenblicklich heiß diskutiert: „Wie durch die Computersimulation eines Verdauungsprozesses keine Pizza verdaut werden kann, so vermag auch die Simulation von Denkprozessen keine Gedanken zu erzeugen", argumentieren die Skeptiker. Die Befürworter halten dagegen: „Von einem Gerät, das fliegen kann, wird ja auch nicht verlangt, dass es Eier legt!" Hinter diesem so wortgewaltig geführten aktuellen Streit steht im Grunde das Eingeständnis, noch nichts Genaues über das Wesen des Denkens zu wissen. Wen wundert's! Handelt es sich doch beim Gehirn um das jüngste und wohl komplizierteste Organ auf unserem Planeten. Eines steht aber heute schon fest: Die Kulturtechniken Rechnen und Schreiben beherrschen selbst die herkömmlichen Computer bereits besser als wir Menschen!

Ein Spezialist für alle Fälle

Wenn über die Vorgänge in unserem Gehirn, die zum Denken führen, auch noch weitgehend Unklarheit herrscht, so besteht doch Klarheit darüber, was wir unserem Gehirn verdanken: Es schenkte dem Menschen die Technik! Mit Hilfe seiner vom Gehirn erdachten und mit den Händen manipulierten künstlichen Organe, seiner Kleider und Werkzeuge, seiner Maschinen und Instrumente, gelang es dem Menschen, die Mängel seiner geringen körperlichen Anpassung an die Natur zu kompensieren. Mehr noch! Sie verliehen ihm die Herrschaft über das Pflanzen- und Tierreich. Dass dies möglich war, erklärt sich aus dem besonderen Charakter jener künstlichen Organe.
Die Tatsache zum Beispiel, dass künstliche Organe im Gegensatz zu den natürlichen nicht mit dem Körper verbunden sind, ermöglicht dem Menschen, sich nach Bedarf und Belieben zu spezialisieren und das in einer Weise, die keine Konkurrenz, auch nicht die der besten

Spezialisten unter den Tieren, zu fürchten braucht: Mit dem Flugzeug fliegt er jedem Vogel davon, am Steuer eines Baggers entwickelt er Bärenkräfte, und mit dem Fernglas in der Hand vermag er seinem Blick die Schärfe eines Adlerauges zu verleihen ... Außerdem gestatten ihm seine künstlichen Organe, selbst die unwirtlichsten Regionen der Erde als Lebensräume zu erschließen. Und gerade jetzt unternimmt er Versuche, sich auch im Weltraum einzurichten.

Die Tiere mit ihren natürlichen Spezialorganen sind diesbezüglich weniger flexibel. Da ihr Spezialistentum angeboren ist, sind sie mit ihrem speziellen Lebensraum und ihren darauf abgestimmten Spezialorganen auf Gedeih und Verderb verbunden. Sich ändernde Umweltbedingungen können für sie deshalb schnell katastrophale Folgen haben. Welches Schicksal erwartet die auf Zehenspitzen laufenden Huftiere, wenn Steppen und Savannen versumpfen ...?

Hervorzuheben ist auch, dass künstliche Organe nicht aus lebendem Gewebe bestehen. Ihre Herstellung und Handhabung kann deshalb auch unter extrem lebensfeindlichen Bedingungen erfolgen. Außerdem bleiben sie über den Tod ihres Besitzers hinaus funktionsfähig und können so, anders als bei den natürlichen Organen, an die Nachkommen weitergegeben werden.

Ein künstliches Organ ist zudem meist eine Neuschöpfung und sein Herstellungsprozess nicht an seine Entstehungsgeschichte als Rezept gebunden mit all ihren Irr- und Umwegen. Es sei hier nur an die entwicklungsgeschichtlich bedingten Herz- oder Gefäßanomalien mancher Neugeborener erinnert und an den entbehrlichen blinden Fleck in unserem Auge.

Ohne künstliche Organe gäbe es im übrigen kein Handwerk und kein Gewerbe, keine Industrie und keine Geldwirtschaft, denn künstliche Organe müssen nicht von demjenigen hergestellt werden, dem sie dienen sollen. Sie können gekauft oder verkauft, gemietet oder vermietet, gepflegt, repariert oder „recycled" werden.

Von besonderer Bedeutung für den Aufstieg des Menschen aber muss die Tatsache angesehen werden, dass das Herstellen und Betreiben von künstlichen Organen nicht an die begrenzten Kräfte des menschlichen Organismus gebunden ist. Der Mensch kann sich auch körperfremder Energien bedienen, zum Beispiel der Zugkraft des Ochsens, der Hitze des Feuers oder der Druckkräfte von Wasser und Wind. Am wichtigsten für den Menschen aber war und ist die Energie, die ihm das Feuer zur Verfügung stellt. Wie der Mythos von Prometheus lehrt, haben dies auch schon die alten Griechen erkannt. Aber mit der Technik selbst wollten sie möglichst wenig zu tun haben. Ihr Interesse galt vielmehr der Philosophie. Die praktische Tätigkeit überließen sie liebend gern den Sklaven und Fremden. Diese wurden von ihnen als Banausen (banausos, griech.: Mensch ohne geistige Interessen) verspottet. Und nicht umsonst wurde dem hilfreichen Hephaistos, dem Techniker unter den Göttern, von den schönheitsverliebten Griechen Hässlichkeit und ein lahmes Bein angedichtet ...

Die Zähmung des Feuers

Das Feuer benötigt allerdings, wie auch das natürliche Organ, zur Unterhaltung seiner Funktion einen Energieträger. Beim Feuer ist es zum Beispiel das Holz, beim natürlichen Organ die Nahrung. Da beim Feuer, im Gegensatz zum natürlichen Organ, die Freisetzung von Energie sehr komprimiert erfolgt, ist es ein relativ gefährlicher Mittler zwischen dem Energieträger und dem vom Benutzer angestrebten Leistungsziel. „Wohltätig ist des Feuers Macht, wenn sie der Mensch bezähmt, bewacht", belehrt uns Schiller in seinem „Lied von der Glocke". Das Braten von Fleisch, das Brennen von Ton sowie das Erschmelzen und Schmieden von Metallen benötigen Feuer pur. Für den Transport von Steinen, das Ziehen eines Pfluges oder das Drehen eines Mahlsteins war es aber in dieser „unbezähmten" Form nicht zu gebrauchen. In der Antike wurde diese Arbeit deshalb im wesentlichen von Menschen- bzw. Tierkraft verrichtet; im Mittelalter setzte man verstärkt auf die Wasser- und Windkraft.

Die Zähmung des Feuers gelang erst mit der Erfindung der Dampfmaschine Ende des 18. Jahrhunderts. Mit ihr begann das Zeitalter der industriellen Revolution: Die Dampfmaschine vermochte das Feuer durch „Portionierung" so zu bändigen, dass seine Energie nun endlich den Fabriken und Bergwerken als dringend benötigte Kraftquelle für ihre Webstühle, Förderanlagen und Schienenfahrzeuge zum Beispiel zur Verfügung stand. Die industrielle Revolution war auch in anderer Hinsicht revolutionär: Während sich die Menschen in Frankreich etwa zur gleichen Zeit von den Fesseln feudalistischer Bevormundung befreiten, emanzipierte sich die Technik von der Eingebundenheit in die Energieumsätze der Natur, indem sie jetzt, bei sich verknappendem Holz, auf den fossilen Energieträger Kohle zurückgriff.

Als Mitte des 19. Jahrhunderts die Bohrungen nach Erdöl, einem weiteren fossilen Energieträger, endlich erfolgreich waren, kündigte sich eine neue technologische Epoche an: Mit der Erfindung des Benzin- und Dieselmotors gelang es, die Energie des Feuers noch erfolgreicher zu zähmen und sie somit den immer präziser arbeitenden Werkzeugen und Maschinen noch besser anzupassen. Den wirklichen Durchbruch in dieser Beziehung brachten jedoch erst die Entdeckung des dynamo-elektrischen Prinzips und die Erfindung des Elektromotors gegen Ende des 19. Jahrhunderts. Elektrischer Strom vermag sowohl große als auch sehr kleine Geräte anzutreiben. Seine Energie ist in alle Energieformen umwandelbar, kann über weite Strecken geleitet werden und lässt sich vom Verbraucher „im Handumdrehen" ein- und ausschalten. Mit der Elektrizität fand die Technik auch Eingang in die Haushalte und bescherte den Menschen einen ungeahnten Komfort und Luxus. Wir sollten jedoch bedenken, dass wir unser aktuelles, noch relativ preiswertes Angebot an Energie hauptsächlich der „Kolonialisierung der Vergangenheit" verdanken. Diese Energie, die heute Fernseher und Kühlschränke betreibt, wurde vor etwa 300 Millionen Jahren von den mittlerweile zu Kohle gewordenen Wäldern des Karbonzeitalters gesammelt. Der Vorrat an Kohle und Erdöl reicht aber, wie Schätzungen ergaben, nur noch bis zum Ende unseres Jahrhunderts. Dann wird die mit der industriellen Revolution begonnene Abkopplung vom Energiekreislauf in der Natur zu Ende gehen und als kurze Episode in der Menschheitsgeschichte schließlich der Vergangenheit angehören. Schon heute sollten wir uns deshalb um die Erforschung neuer Energiequellen kümmern (siehe Kapitel 3).

„Kinder des Gehirns"

Wieder ist unser Gehirn gefordert und mit ihm unser Bewusstsein, die eigentliche Ressource und der einzige Garant menschlichen Lebens und Überlebens. Nur unser erfinderisches Gehirn, nicht der mühselige Trott der biologischen Evolution, ist fähig, uns Hilfe anzubieten, wenn es darum geht, auf die schnellen Veränderungen unserer Kulturwelt angemessen zu reagieren. Allein die

Anpassung durch Technik entscheidet heute über das Schicksal der Menschheit. Deshalb ist die Technik aus dem Leben des Menschen nicht mehr wegzudenken. Die technischen Geräte sind „Kinder des Gehirns", und sie gehören genauso zum Menschen, wie die leiblichen Kinder. Aber Kinder bereiten leicht Schwierigkeiten, so auch die technischen Geräte, insbesondere wenn ihre Entwicklung noch in den Kinderschuhen steckt. Sie bedürfen dann der besonderen „elterlichen Pflege" und der ständigen „Aufsicht", mitunter allerdings auch der verständigen „Nachsicht", wenn sie die in sie gesetzten Erwartungen nicht erfüllen. Im Großen und Ganzen können wir aber zufrieden sein mit denjenigen, die wir „großzogen". Schließlich können und möchten wir auf die meisten technischen Errungenschaften nicht mehr verzichten, auch wenn sie zunächst die Urgroßelterngeneration das Fürchten gelehrt haben mögen, wie die Eisenbahn oder das Auto. Der Hinweis auf die Bedeutung der lebensrettenden Medizintechnik in Krankenhäusern und bei medizinischen Notdiensten kann diese Aussage bekräftigen.

Dennoch wird vielfach aus Angst vor möglichen Gefahren und Irrtümern nach einem Ausstieg aus der Technik gerufen. Verzicht auf „Kinder" aber bedeutet zunächst Stillstand und schließlich Untergang. Wir müssen Technik betreiben, weil wir ohne sie nicht leben können. Mit ihr zu leben, birgt aber immer auch das Risiko in sich, unter ihr zu leiden. Der Mensch ist und bleibt nun einmal, wieder mit den Worten Arnold Gehlens ausgedrückt, ein „riskiertes Wesen".

Kapitel 2

Schön, wahr und gut

Ein Dreiklang, der Glück verspricht

„Ohne eine gewisse Schönheit kann das Leben des Menschen nicht lange bestehen!" Was Thomas von Aquin vor mehr als 700 Jahren nur ahnen konnte, die Wissenschaft meint, dies heute beweisen zu können: Das Schöne hilft uns zu überleben.

Der Reiz des Schönen

All unser Handeln, was wir kaufen, was wir uns wünschen, wen und was wir lieben, alles wird bestimmt oder zumindest mitbestimmt von einer unstillbaren Sehnsucht nach dem Schönen. Um in den Besitz eines erstrebten Schönen zu gelangen, sind wir bereit, Unbequemlichkeiten und Risiken in Kauf zu nehmen oder unangemessen hohe Preise zu zahlen. Das Schöne zieht uns an, das Hässliche stößt uns ab. Attraktive Menschen, das ergab eine Untersuchung von Psychologen, erfreuen sich eines Schönheitsbonus: Sie finden schneller Arbeit, kommen schneller zu Ehren – und weniger schnell hinter Gitter. „Schöne Gestalt hat große Gewalt", sagt schon der Volksmund, und der irrt selten. Was ist dieses Schöne, und was macht es so attraktiv? Unsere Vordenker in Sachen Ästhetik, der Lehre vom Schönen, der Philosoph Kant und der Dichter Schiller, bleiben uns eindeutige Antworten schuldig. Trotz wortgewaltiger Schriften standen sie dem Phänomen des Schönen relativ sprachlos gegenüber. Kant meinte: „Das Schöne auszulegen, heißt ihm Unrecht tun", und Schiller schrieb: „Schön ist eine Form, die keine Erklärung fordert, oder die sich ohne Begriff erklärt." Das Geistwesen Mensch lässt sich also von etwas „ergreifen", ohne es selbst zu „begreifen". Dieses Eingeständnis rief insbesondere die Biologen auf den Plan; und als gälte es nachträglich zu beweisen, dass sie dem Menschen zu Recht das Prädikat „sapiens", der Weise, in seinem Artnamen verliehen hatten, machen sie sich nun ihrerseits an die Arbeit, dem Phänomen des Schönen auf den Grund zu gehen. Aber – haben sich die Biologen dabei nicht zu viel zugemutet?

Das nützliche Schöne

Die Erklärung des Phänomens „Schönheit" erscheint uns heute schwieriger als zu Zeiten der zitierten Klassiker. Was gilt heute nicht alles als schön: die „Pieta" von Michelangelo und „Guernica" von Picasso, die pausbackigen Prachtkinder von Ludwig Richter und sogar die hohlwangigen Hungerleider von Käthe Kollwitz, das Zwitschern der Vögel im Wald und das „Singen" der Düsenmotoren auf dem Flugplatz? Es ist tatsächlich fast nichts denkbar, was nicht unter bestimmten Bedingungen als schön empfunden werden kann. Doch die Biologen meinen, etwas entdeckt zu haben, was allem so bezeichneten Schönen gemeinsam ist. Das Schöne kann im Prinzip alles sein, nur eines nicht: etwas Abträgliches, Schlechtes – wenigstens von der Position des Beurteilenden aus gesehen. Denn, so wird uns erklärt, der Sinn für das Schöne soll dem Menschen ein biologisches Wohlbefinden garantieren. Er steht im Dienste der (Über)Lebensinteressen des Menschen, indem er ihm hilft, das ihm Zuträgliche und Notwendige zu finden. Wir benötigen zum Beispiel das „Salz in der Suppe" nicht nur deswegen, weil sie uns sonst nicht schmecken würde, sondern weil das Kochsalz unsere wichtigste Quelle für das lebensnotwendige Element Natrium ist. Und wir greifen nicht nur deswegen gern zu den „süßesten Früchten", weil sie uns ein angenehmes Geschmackserlebnis versprechen, sondern weil sie besonders viel Zucker enthalten, den Stoff, aus dem wir unsere Energie beziehen. Dass wir diesen biologischen Vollzug im Bewusstsein als etwas Angenehmes, Lustbetontes erleben, ist ein Trick der Natur, auf den wir Menschen mit unserer extrem ausgebildeten Sinnes-, Geistes- und Gefühlswelt allerdings gern – und bewusst – hereinfallen.

Das Schöne ist also das, was sich im Verlaufe unserer Stammesgeschichte als das Nützliche erprobt hat, und es verhält sich demnach zum Nützlichen wie ein Zeichen zu seiner Bedeutung. Dieselbe Beziehung besteht, wie noch zu zeigen sein wird, zwischen dem Schönen und dem Wahren sowie zwischen dem Schönen und dem Guten. Das Schöne ist also ein Wegweiser zum Nützlichen, Wahren und Guten! Auch die Widmung „Dem Wahren · Schönen · Guten", die wir an Dachfriesen alter Theater lesen können, dokumentiert die Zusammengehörigkeit dieser drei Begriffe.

Instinkt und Schonheit

In der traditionellen Kunst, nicht nur in der bildenden, wird die Fertigkeit kultiviert, jene Mechanismen in uns zu aktivieren, die unserem Schönheitsempfinden zugrunde liegen. Was sind das für Mechanismen? Die Biologen vergleichen sie mit denjenigen des Instinktverhaltens, wo bestimmte Schlüsselreize – indem sie zum Beispiel Nahrung oder Gefahren signalisieren – bestimmte Verhaltensweisen auslösen. Die vom Künstler meist intuitiv gesetzten Sinnesreize ähneln den Schlüs-

selreizen der Tiere. Wie diese zeichnen sie sich durch
auffällige Farben und Muster aus. Es werden zum Beispiel überwiegend reine Spektralfarben, geometrische
Formen, wohlgeordnete Proportionen oder auch prä-
zise wiederholte rhythmische Bewegungen benutzt.
„Alle diese Dinge", sagt der Verhaltensforscher Konrad Lorenz, „rufen beim Menschen die Empfindung
des Schönen hervor", nun aber ohne eine spezifische
Instinkthandlung auszulösen. Künstler wie Raffael und
Dürer zum Beispiel bedienten sich, um Schönes dar-
zustellen und beim Betrachter ein Gefühl für Schönes
zu wecken, einer „angeborenen Formula" bzw. einem
„versammelt heimlich Schatz des Herzens". Die Biologen können sich bestätigt fühlen!

Das Destillat des Schönen

Der Mensch als Geist- und Augenwesen – die reizauf-
nehmenden Augenbecher sind Vorstülpungen des Zwi-
schenhirns – orientiert sich in seiner Umwelt insbesondere an optischen Eindrücken. Diese gelangen nicht als
bloße Fotokopien zur Wahrnehmung, sondern werden
durch unser stammesgeschichtlich erworbenes Vorwis-
sen zu den erwähnten wegweisenden Signalen verar-
beitet. Dieser Prozess der Gestaltwahrnehmung soll ein
schnelles Reagieren ermöglichen, was stets vorteilhaft,
weil überlebenswichtig ist.
Bei der Analyse der Strukturen jener optischen Signale
fällt eine ihnen allen gemeinsame Eigenschaft auf. Sie
tritt auch in den Kunstwerken der verschiedensten
Völker und Epochen als letzte allgemeine Gleichheit
hervor. Es ist die Erscheinung der Symmetrie (symme-
tria, griech.: richtiges Verhältnis, Ebenmaß). Die Symmetrie stellt quasi das „Destillat" des Schönen dar.
Dass es sie gibt, beruht auf den Gesetzmäßigkeiten, die

unser Universum regieren, insbesondere auf den Erhaltungssätzen der Physik, und dass alles Symmetrische uns schön erscheint, auf der Tatsache, dass sich unsere Stammesgeschichte als ein Einpassungsprozess in bestehende Ordnungen vollzog, und wir nun alles Passende und Geordnete als erwünscht und vertraut empfinden. Das zeigt sich selbst an Kleinigkeiten: Ein schief hängendes Bild an der Wand wird schnell wieder „gerade gerückt" ... Die Symmetrie repräsentiert ein Gleichgewicht der Kräfte und damit Ordnung und Stabilität. Gäbe es sie nicht, es würde nichts „fest-stehen", und wir könnten nichts „fest-stellen"!

Wie aber aus dem Regentropfen der Schneekristall und aus der Raupe die Puppe und dann der Schmetterling oder aus dem Trab der Galopp wird, so trägt jede geordnete Form oder Bewegung bereits den Keim der Änderung, des Symmetriebruchs, in sich. So entstanden immer neue Spielarten der Symmetrie, immer neue Gleichgewichte – alle Produkte der Schöpfung. Die starre Symmetrie der Bilder alter Meister wirkt feierlich, aber auf den heutigen Betrachter leblos und langweilig. Eine kleine Abweichung von der Symmetrie, die Andeutung eines Symmetriebruchs, aber bringt Leben in das Kunstwerk und macht das Vollkommene erst schön. «C'est la dissymétrie, qui crée le phénomène» – es ist die Störung der Symmetrie, die das Phänomen hervorbringt, meinte Pierre Curie.

Für den Menschen ist die Symmetrie von besonderer Bedeutung. Sie steht offensichtlich ganz im Dienst der Eltern-Kind-Bindung und der Ausbildung des sogenannten Urvertrauens. Was der neugeborene Mensch als erstes erlebt, ist das Gesicht der Bezugsperson, meist der Mutter. Dabei wirkt eine Vielfalt von Symmetrien auf das Neugeborene ein: die Radiär- und die Spiegelbildsymmetrie und auch der sogenannte „goldene Schnitt" sind mehrfach vertreten. Sie werden durch die in dieser Zeit stattfindende Prägung, ein zwanghaft-angeborenes Lernen, verinnerlicht. Bald schon gelingt es dem Kind, das Gesicht der Mutter dank einiger Asymmetrien im Detail von anderen Gesichtern zu unterscheiden. Das Wiedererkennen des eingeprägten Gesichts, so jedenfalls lässt sich die spontane Reaktion des Säuglings interpretieren, vermag mehr als anderes Schöne jenes Gefühl auszulösen, das wir auch Glück nennen!

Das schöne Gesicht

Man hat die unbewusste Neigung des Menschen zum Physiognomieren, das heißt, zum Suchen und Entdecken von menschlichen Gesichtern in Zufallsmustern wie Wolken, Felsen und Bäumen mit der Stärke und Bedeutung der besprochenen Prägung in Zusammenhang gebracht. Es gibt aber noch eine zusätzliche Erklärung für dieses Phänomen: Verhaltensforscher nehmen an, dass es im Verlauf der Menschwerdung für die Kommunikation wichtig wurde, menschlichere Gesichtszüge von den noch tierlichen unserer stammesgeschichtlichen Verwandten zu unterscheiden. Dies dürfte zur Ausbildung ästhetischer Präferenzen geführt haben, die auf eine Unterscheidung gegenüber dem Äffisch-Tierischen abzielten. Unterstützt wird diese Annahme durch die Tatsache, dass die künstlerischen Darstellungen von Menschen verschiedener Kulturkreise und Rassen uns ein recht ähnliches Bild des „schönen Menschen" vor Augen führen: Sein Gesicht besitzt feine Züge. Die Nase ist nicht flach, sondern erhaben und hat einen geraden Nasenrücken. Die Stirn flieht nicht, sondern steigt. Der Hirnschädel ist groß und der Gesichtsschädel hat keine Schnauzenform. Der Kopf wird von einem schlanken Hals getragen und nicht, durch

Muskelpakete gestützt, nach vorn gestreckt. Die Verhaltensforscher vermuten zudem, dass das Gesicht des Kleinkindes mit seiner hohen Stirn, den großen Augen und der Fähigkeit, bei uns eine lustbetonte betreuende Zuwendung auszulösen („Kindchenschema"), die weitere Verfeinerung des menschlichen Antlitzes bewirkt hat und noch bewirkt. Nicht umsonst empfindet „Mann" an einer Frau bestimmte ‚kindliche Merkmale' als ausgesprochen lieblich; außerdem sei an die „Damenwelt" der Disney-Comics, der Barbie-Puppen und der japanischen Mangas erinnert …

Farben und Rhythmen

Aber nicht nur mit Formen, auch mit Farben spielt die Natur, und mit ihr die Kunst, auf der „Signal-Klaviatur" menschlicher Gefühle: Als ehemaliger Waldbewohner und Vegetarier liebt der heute immer noch „phytophile" (pflanzenfreundliche) Mensch das Schutz und Nahrung verheißende Grün. Als Tagwesen belegt er helle, leuchtende Farbtöne mit positiven und dunkle mit negativen Gefühlswerten, und als (gleich)warmblütiges Wesen liebt er die roten und gelben Farbtöne, weil sie mit den Wärmespendern Sonne und Feuer assoziiert werden. Ein dunkles Rot aber signalisiert Vorsicht, denn auch Blut ist rot und der Schmerz dann nicht mehr weit …
Unmittelbarer noch als visuelle Reize vermögen uns Rhythmen und Töne anzusprechen. Rhythmen ziehen physiologische Prozesse in Phase: Mit einem Metronom gelingt es, die Kiemendeckelbewegung von Fischen zu steuern und mit einem Wiegenlied den Atemrhythmus des Einschlafenden zu beruhigen. Eine Analyse der emotionellen Erregbarkeit durch Musik ergab bei verschiedenen Völkern bemerkenswerte Ge-

meinsamkeiten: Laute Musik mit hohen Tönen und schnellem Rhythmus wirkte erregend, leise Musik mit tiefen Tönen und langsamem Rhythmus beruhigend. Man bringt das in Verbindung mit dem Rhythmus unseres Herzschlags. Das Kind verspürt ihn bereits, wenn die Mutter es noch „unterm Herzen" trägt. Ist es dann geboren, trägt sie es – meist intuitiv – „am Herzen", also auf der linken Seite. Die Mehrzahl der Madonnenbilder bezeugt diese Tatsache.

Schönheit und Wahrheit

Nach Aufdeckung all dieser Zusammenhänge ist man geneigt mit Heidegger zu konstatieren: „Schönheit ist die Weise, wie Wahrheit west." Der Mensch als instinktarmes Wesen ohne Weltorientierung ist auf Erkenntnisse, auf „Wahrheiten" (siehe Kapitel 6) angewiesen, an denen er sein Handeln ausrichten kann. So ist es nicht verwunderlich, dass uns ein Gefühl der Befriedigung, vielleicht auch des Glücks erfüllt, wenn wir Zusammenhänge und Gesetzmäßigkeiten entdecken, und dass uns etwas schön erscheint, wenn wir diese Gesetzmäßigkeiten verwirklicht sehen. Das Atom ist schön, das Sonnensystem, ja das ganze Universum, denn es wird von Gesetzen beherrscht, den bereits erwähnten Gesetzen der Symmetrie. Die Griechen, für die die Schönheit der Schlüssel zum Weltverständnis war, ahnten dies und nannten das Universum „Kosmos", wörtlich „Schmuck" und „maßvolle Ordnung". Viele Wissenschaftler begründen ihre Schaffenswut mit der Freude am Erkenntnisgewinn und der dabei erlebbaren Teilhabe an der Schönheit der Natur. Albert Einstein zeigte sich immer wieder beeindruckt von der entdeckten „Schönheit, logischen Einfachheit, Ordnung und

Harmonie" in der Natur. Und von Archimedes, einem berühmten Mathematiker der Antike, wird berichtet, dass er, nachdem er beim Baden das Prinzip des Auftriebs entdeckt hatte, freudig „Heureka!" rufend („Ich hab's gefunden!") splitternackt durch die Straßen von Syrakus rannte ...

Schönheit und Moral

Aber der Mensch ist nicht nur Geist-, sondern auch Gesellschaftswesen. Als Ausgleich für seine Instinktarmut benötigt er neben hilfreichen Erkenntnissen auch angemessene Verhaltensweisen. Die Eigenschaften der menschlichen Natur waren in Einklang zu bringen mit den Erfordernissen, die ein harmonisches Zusammenleben der Menschen garantieren konnten. Dazu musste der Mensch ein Empfinden für gut und böse entwickeln. Das Nachdenken über die Grundlagen eines menschenwürdigen, sittlichen Verhaltens wird Ethik genannt, die tatsächlich praktizierte Gesinnung, an der sich das sittliche Handeln orientiert, Moral. In ihr sind die Ziele unseres Handelns und die unser Handeln lenkenden Tugenden hierarchisch miteinander verknüpft. Dass Tapferkeit, Güte und Liebe als schön, ja als Glück empfunden werden, wissen wir aus eigenem Erleben, beziehungsweise erfahren wir, wenn wir uns zum Beispiel von den Schicksalen unserer Filmhelden ergreifen lassen. Und dass der Held, der Gutes tut, stets auch gut aussieht, scheint uns eine Selbstverständlichkeit zu sein: Schickliches und Schickes gehören eben zusammen ...
Die in die Schönheit vernarrten Griechen erklärten die Kalokagathie, das „Schön-und-gut-Sein", zum Bildungsideal. Kranke und Hässliche galten als von

den Göttern Verlassene. Erst das Christentum machte Schluss mit dieser „Verblendung". Es befreite den Geist vom Augenschein. Wie Paulus im ersten Brief an die Korinther zugibt, war dies ein sehr schwieriges Unternehmen. Der leidende gekreuzigte Christus ein Sohn Gottes? Für die Griechen war das eine „Torheit".

Wie nun entstanden unsere als schön und gut empfundenen Tugenden? Sie bildeten sich nach unserem heutigen Wissen in der eiszeitlichen Altsteinzeit aus. Zu jener Zeit lebten die Menschen in kleinen Gruppen von Verwandten und Freunden zusammen und mussten sich – sammelnd und jagend – nicht nur einer feindlichen Umwelt, sondern auch feindlicher Gruppen erwehren. Neben Intelligenz und Kraft waren Primärtugenden wie Gruppensolidarität, Tapferkeit und Opferbereitschaft gefragt, aber auch die ihnen dienenden Sekundärtugenden, wie Disziplin und Gehorsam, einschließlich einer Aggressionsbereitschaft Fremden beziehungsweise Feinden gegenüber. Sie mussten möglichst schnell und vor jeder erst bitter zu erkaufenden Erfahrung verfügbar sein, am besten also angeboren. So kam es zur genetischen Fixierung des solidarischen Handelns und der in seinem Dienst stehenden Tugenden, allerdings nur als Verhaltensdispositionen und nicht als Verhaltensdiktate! Denn der Mensch – und das gehört zu seinem Selbstverständnis – ist prinzipiell willensfrei und für sein Handeln selbst verantwortlich. Dass sich Tugenden wie Mut und Opferbereitschaft, Güte und Gerechtigkeit, Ehrlichkeit und Toleranz, aber im Gegensatz dazu auch Intoleranz und Aggressionsbereitschaft, so schnell ausbilden konnten, liegt möglicherweise auch darin begründet, dass an eine bereits etablierte angeborene Verhaltensdisposition, die Brutpflege, die Für- und Vorsorge für die Nachkommen, angeknüpft werden konnte. Sie ist es auch, die uns den emotionalen Antrieb zu liefern vermag für ein auf

Nachhaltigkeit ausgerichtetes Verhalten, das nicht nur den eigenen, sondern allen Nachkommen in unserer „einen Welt" zugute kommen kann (siehe Kapitel 4).

Schönheit und künstlerisches Anliegen

Jede Epoche hat ihre Probleme und ihre daraus resultierenden Bedürfnisse und Bestrebungen. Die zeitgenössische Kunst, sofern sie nicht nur „l'art pour l'art" („Kunst für die Kunst") sein will, greift diese auf und macht das erstrebenswerte Angenehme (beziehungsweise das zu vermeidende Unangenehme) zum Thema ihrer Kunstwerke. In der Antike waren es Harmonie und Symmetrie, im Mittelalter die Sehnsucht nach dem Jenseits und die Verachtung des irdischen Flitters, in der Renaissance Individualismus und im Barock prunkende Imposanz, in der Aufklärungszeit Ordnung und Übersichtlichkeit, in der Romantik Phantasie und Nostalgie, in den ersten Jahrzehnten des gerade vergangenen Jahrhunderts die Funktions- und Leistungsgerechtigkeit. Und – heute? Das Problem unserer Zeit ist die offensichtliche Diskrepanz zwischen wissenschaftlicher Erkenntnis und irrationalem Verhalten: In der Technik, zum Beispiel beim Autofahren und Fliegen, verlassen wir uns auf die Ergebnisse der Wissenschaft, bei unserem Handeln ignorieren wir sie, wenn sie uns nicht „in den Kram passen" und vertrauen lieber irrationalen Gefühlen und esoterischen Versprechungen. Was wir brauchen, ist Vernunft, das heißt, Verstand auf bewusst humanes Handeln ausgerichtet. Nur so werden wir in der Lage sein, die aktuellen Probleme der Menschheit zu lösen.
Es sind Appelle an die Vernunft, an unser Bewusstsein, die aus vielen Werken der zeitgenössischen Kunst sprechen. Hoffen wir darauf, dass sie auch verstanden wer-

den. „Sapere aude!“, „Wage es, dich deines Verstandes zu bedienen!“, macht uns schon der römische Dichter Horaz Mut, und – wir sollten optimistisch sein und dem Menschen vertrauen, rät Bertolt Brecht, indem er Galilei sagen lässt: „Ich glaube an den Menschen, und das heißt, ich glaube an seine Vernunft! Ohne diesen Glauben würde ich nicht die Kraft haben, am Morgen aus meinem Bett aufzustehen!“

Kapitel 3

Die Kraft der Atome

Über die Energie, die Menschen und Maschinen antreibt

„Atomkraft – nein danke!" Wer so argumentiert, ist sich selten der vollen Bedeutung seiner Worte bewusst. Wissenschaftlich betrachtet, ist nämlich eine solche Aussage in höchstem Maße paradox, denn sie negiert im Grunde jene Kraft, die den Menschen am Leben erhält und der er sein Leben verdankt. Atomkraft beinhaltet eben mehr als nur Kernreaktoren und Atombomben. Atomkraft bedeutet auch Sonne, Materiegenese und die Entstehung von Leben. Ohne Atomkraft wären wir gar nicht existent und könnten auch keine Meinung über sie artikulieren.

Entdeckung der Kernspaltung

Atome sind die kleinsten Bausteine unserer stofflichen Welt. So haben es schon die griechischen Naturphilosophen Leukipp und Demokrit vor mehr als 2400 Jahren gelehrt. Anders als sie wissen wir heute jedoch, dass die Atome keineswegs „atom" (griech.: nicht teilbar) sind und dass sie aus noch kleineren Teilchen, den Elektronen, Protonen und Neutronen bestehen. Der Aufbau eines Atoms lässt sich, wenn auch nicht ganz korrekt, so doch sehr anschaulich, durch einen Vergleich mit dem Sonnensystem erklären: Um eine zentrale Sonne, den aus Protonen und Neutronen aufgebauten Atomkern, kreisen auf verschieden weiten Bahnen als Planeten die Elektronen.

Es gibt so viele Atomsorten, wie es Elemente gibt. Von den 92 in der Natur vorkommenden Elementen besitzt der Wasserstoff die kleinsten, das Uran die größten Atome.

Das Atomzeitalter nun begann mit dem Aufzeigen eines Weges, wie man die Atomkerne als neue, besonders effektive Energiequelle nutzen kann. Seine Geburtsstunde schlug im nationalsozialistisch regierten Deutschland am Abend des 17. Dezember 1938, als Otto Hahn und sein Mitarbeiter Fritz Strassmann am Kaiser-Wilhelm-Institut für Chemie in Berlin-Dahlem entdeckten, dass sich die Atome des Elements Uran spalten lassen. Sie hatten die im gleichen Jahr mit einem Nobelpreis gekrönten Versuche des Physikers Enrico Fermi nachgemacht, der aus dem Uran, dem schwersten aller in der Natur vorkommenden Elemente, durch Bestrahlung mit „langsamen" Neutronen noch schwerere Elemente, die sogenannten Transurane, hergestellt haben wollte. Unter den geschickt analysierenden Händen des Chemikers Hahn entpuppten sich die Transurane des Physikers jedoch zum größten Teil als radioaktive Bruchstücke gespaltener Uranatome. Obwohl eine Täuschung nicht möglich war, mochte Hahn noch nicht so recht an seine Entdeckung glauben. Das jedenfalls geht aus einem Brief hervor, den er zwei Tage später an seine ehemalige Mitarbeiterin Lise Meitner schrieb. Sie war das „physikalische Gewissen" des Teams um Otto Hahn gewesen, hatte aber vor den Nazis fliehen müssen und arbeitete nun in einem Labor in Stockholm. Als Physikerin war sie wohl die erste, die ahnte, welche Perspektiven diese Entdeckung für die Zukunft eröffnen würde.

Wettlauf um die Bombe

Die Nachricht von Hahns Entdeckung sprach sich unter den Physikern in aller Welt wie ein Lauffeuer herum. Sie wurde mit Hochachtung aufgenommen, aber auch, insbesondere von den vor Hitler geflohenen jüdischen Wissenschaftlern, mit tiefem Entsetzen. Sie hatten Hitler erlebt und wussten, wozu er fähig war. Wenn er Hahns Entdeckung zum Bau einer Superbombe nützen würde, wäre die Freiheit der Menschheit in Gefahr. Sie mussten die Bombe haben, bevor Hitler sie besaß! So dachten insbesondere die in die Vereinigten Staaten von Amerika emigrierten jüdischen Wissenschaftler. Mit Unterstützung von Albert Einstein, der schon 1933 Deutschland verlassen hatte, gelang es ihnen, den amerikanischen Präsidenten Roosevelt von der aus Deutschland drohenden Gefahr zu überzeugen. Er rief das geheime Rüstungsprojekt „Manhattan" ins Leben, dessen Ziel es war, so schnell wie möglich eine Atombombe zu bauen. Unter der Leitung von Robert Oppenheimer machten sich in der Einsamkeit des Wüstenstädtchens Los Alamos viele der besten Physiker des Jahrhunderts ans Werk. Die Furcht vor Hitler trieb sie an. War ihre Furcht berechtigt?

Mit Ausbruch des 2. Weltkrieges wurden die deutschen Atomphysiker vom Heeresamt zum „Uranverein" zusammengefasst. Sie erhielten den Auftrag, „die Möglichkeiten der militärischen Nutzung der Kernspaltung zu prüfen". Die Leitung der Arbeitsgruppe wurde dem Nobelpreisträger Werner Heisenberg übertragen. Obwohl in Deutschland die wissenschaftlichen Voraussetzungen zur Nutzung der Atomenergie gegeben waren, kamen die deutschen Wissenschaftler über Pläne für eine Bombe und Probeläufe eines letztlich funktionsuntüchtigen Reaktors nicht hinaus. Es mangelte den Wissenschaftlern an Material und den meisten wohl auch an der notwendigen Motivation. Vielleicht hatte Heisenberg, der sich weigerte, die Ergebenheitsadresse der deutschen Nobelpreisträger an Adolf Hitler zu unterschreiben und fortan als „weißer Jude" verunglimpft wurde, die Worte des „weisen Juden" Nathan im Ohr: „Der Forscher fand nicht selten mehr, als er zu finden wünschte". Otto Hahn gehörte übrigens nicht dem „Uranverein" an. Er hat sich bis zum Kriegsende mit der wissenschaftlichen Untersuchung der Spaltprodukte des Urans beschäftigt.

In Amerika wurde an zwei Bombentypen gearbeitet: einer Uran- und einer Plutoniumbombe. Als sie fertiggestellt waren, hatte Deutschland bereits kapituliert. Allein Japan befand sich noch im Krieg mit den USA. Truman, der Nachfolger des inzwischen verstorbenen Präsidenten Roosevelt, wollte den Krieg möglichst schnell beenden. Dazu kamen ihm die Bomben gerade recht. Als Ziele wurden zwei Städte ausgewählt, die bisher von konventionellen Bombenangriffen verschont geblieben waren und die einen klaren Himmel zeigten. Man wollte nämlich die Wirksamkeit der neuen Bomben auf „weiche" und „harte" Ziele möglichst genau „studieren". Am 6. August 1945 zerschmetterte die Uranbombe Hiroshima und drei Tage später die Plutoniumbombe Nagasaki. Japan kapitulierte bedingungslos ...

Die Meldung vom Abwurf der Atombomben erreichte Hahn in einem britischen Internierungslager. Er war bestürzt von der Grausamkeit des Geschehens und fühlte sich mitverantwortlich für die mehr als 200.000 Opfer, denn – und das ließ sich nicht leugnen – die Atombombe war das schreckliche Ergebnis eines konsequenten Zu-Ende-Denkens seiner Entdeckung.

Aber es bestand auch die Möglichkeit, die Kernspaltungsenergie für friedliche Zwecke zu nutzen. Dies veranlasste die Schwedische Akademie, Otto Hahn im

November 1945 nachträglich den schon 1944 für ihn bereitgehaltenen, aber wegen der Kriegswirren nicht vergebenen Nobelpreis für Chemie zu verleihen. Schon einmal hatte ein deutscher Chemiker, durch einen Weltkrieg verzögert, nachträglich den Nobelpreis verliehen bekommen. Es war Hahns Lehrer, Fritz Haber. Er wurde 1919 für die Erfindung der Ammoniaksynthese geehrt, ein Verfahren, mit dessen Hilfe Kunstdünger, aber auch Munition für Gewehre und Kanonen hergestellt werden kann ...

Energie aus Atomen

Granaten und Atombomben gleichermaßen beziehen ihre Energie aus dem Atom, allerdings aus unterschiedlichen Bereichen dieses kleinsten Bausteins: Die Sprengkraft des Dynamits zum Beispiel, wie auch die Energie des Feuers, resultieren aus Verschiebungen von Elektronen in der Atomhülle, während die millionenfach stärkere Explosionskraft der Atombomben auf Veränderungen des Atomkerns beruht. Brände, Explosionen und alle sonstigen spontan ablaufenden Vorgänge führen uns das Bestreben eines jeden Stoffes vor Augen, durch Freisetzung von Energie einen energieärmeren und damit stabileren Zustand zu erreichen: Ein Stein rollt, einmal angestoßen, selbständig den Berg hinab; ein Holzhaus, mag es noch so fest gebaut sein, kann sich bei unvorsichtigem Umgang mit Feuer schnell selbständig zu Rauch und Asche „stabilisieren"; und 15 Kilogramm Uran-235 auf einem Haufen zerplatzen nach Anregung durch ein Neutron als Atombombe. Die Quelle, aus der alle Energie, auch die der Atome, „fließt", ist also das Streben nach einem energiearmen, stabilen Zustand. Wie sieht dieses „Happyend" bei Atomhülle und Atomkern aus, und wie kommt es zustande?

Was die Atomhülle anbetrifft, möge die folgende Tatsache einen Hinweis geben: Zeppeline werden heute nicht mehr mit Wasserstoff, sondern mit Helium gefüllt, obwohl Helium einen geringeren Auftrieb bewirkt. Wasserstoff kann mit dem Sauerstoff der Luft explosionsartig reagieren, wie der Absturz der brennenden „Hindenburg" 1937 aller Welt in tragischer Weise vor Augen führte. Durch einen Funken „angestoßen", verbinden sich Wasserstoff und Sauerstoff unter Abgabe von Energie zum stabilen, energiearmen Wasser. Helium reagiert nicht. Es gehört wie Neon und Argon zu den Edelgasen. Die Atome dieser Stoffgruppe besitzen bereits stabile Atomhüllen und sind deshalb unfähig zu reagieren. Atome, wie die von Wasserstoff und Sauerstoff, die noch keine stabilen Atomhüllen besitzen, versuchen diese durch Verbindungsbildung mit anderen Atomen zu erreichen. Dazu nehmen sie Elektronen auf, geben sie ab oder leihen sie sich gegenseitig aus. Je „edler" die so erworbene neue Elektronenanordnung in der Atomhülle ist, desto stabiler ist die Verbindung, und um so mehr Energie wird frei. Wenn man Holz verbrennt, bilden sich zum Beispiel die stabilen Verbindungen Wasser und Kohlenstoffdioxid. Dabei wird Energie freigesetzt durch Stabilisierung der Elektronenanordnung in den Hüllen der beteiligten Atome. So gesehen, begann das „Atomzeitalter" schon bei der ersten Nutzung des Feuers durch unsere jagenden und sammelnden Homo-erectus-Vorfahren vor etwa einer Million Jahren ...

Wie für die Atomhülle so lässt sich auch für den Atomkern ein stabiler, energiearmer Zustand beschreiben. Es ist dies ein mittelgroßer Atomkern, wie er in idealer Form beim Eisenatom vorliegt. Zwei Wege führen zur Bildung dieser mittelgroßen Atomkerne: die Spaltung (Fission) großer Kerne und die Verschmelzung (Fusion) kleiner Kerne. Dass bei beiden Kernreaktionen millionenfach mehr Energie frei wird als bei den normalen chemischen Reaktionen, wurde jeweils zuerst an Bomben demonstriert. Die Kernspaltungsenergie lernte die Menschheit in Form der Bomben von Hiroshima und Nagasaki kennen und die Kernfusionsenergie beim ersten Test einer Wasserstoffbombe im Jahre 1952.

Leben von den Sternen

Kernfusionsprozesse benötigen Temperaturen von vielen Millionen Grad. Bei diesen Temperaturen legen die Atome kurzfristig ihre Hüllen ab, so dass die Kerne einander sehr nahe kommen und miteinander verschmelzen können. Im Universum funktioniert das freiwillig, auf der Erde nur gezwungenermaßen: Die Wasserstoffbombe zum Beispiel benötigt zu ihrer Zündung eine Plutoniumbombe.
Eine friedliche Nutzung der Kernfusionsenergie ist trotz fortgesetzter geistiger und finanzieller Anstrengungen bis heute nicht gelungen. Große Hoffnungen knüpfen die Wissenschaftler heute an den ITER-Fusionsreaktor (International Thermonuclear Experimental Reactor). Er soll im südfranzösischen Cadarache gebaut werden und könnte, so hofft man, in etwa 50 Jahren ans Stromnetz gehen. Aber sollten Kernfusionsreaktoren tatsächlich einmal Wirklichkeit werden, dann muss auch ihre Energie mit einer Belastung der Umwelt durch Strahlung und radioaktiven Müll bezahlt werden!
Die Verschmelzung von Kernen findet auf natürliche Weise in den Sternen, also auch in unserer Sonne statt. Sie liefert die Energie, die die Lebewesen in Schwung hält, aber auch die Materie, aus der die Lebewesen aufgebaut sind. Sämtliche Atome in uns und um uns

herum entstanden vor vielen Milliarden Jahren durch Kernfusionsprozesse in den Sternen. Wasserstoffkerne, die beim „Urknall" vor etwa 13 Milliarden Jahren entstanden und heute immer noch 93 Prozent der Materie unseres Universums ausmachen, verschmelzen dort zu den größeren Heliumkernen, diese zu den noch größeren Kohlenstoffkernen, Kohlenstoff- und Heliumkerne zu Sauerstoffkernen und so weiter. Die kosmische Alchemie kommt erst dann zum Stillstand, wenn die Stufe der mittelgroßen Kerne, wie die der Eisenatome, erreicht ist. Da die Sterne dann keinen Brennstoff mehr besitzen, erlöschen und erkalten sie. Unter dem Einfluss der jetzt wirksam werdenden Schwerkraft stürzt der erkaltete Eisenstern implosionsartig in sich zusammen und schleudert dabei gewaltige Mengen von Energie und Materie ins All. Ein Teil dieser Energie wird verbraucht, um aus Eisenkernen noch größere Kerne zu „schmieden", zum Beispiel auch die Kerne des Urans. Eine derartige von einer Leuchterscheinung begleitete kosmische Katastrophe wird als Supernova bezeichnet. Der Name deutet darauf hin, dass man früher ein solches Ereignis für die Geburt eines neuen Sterns hielt. In Wirklichkeit stirbt ein Stern. Sein Sterben aber ist Voraussetzung für unser Leben. Denn aus seiner ins Weltall geschleuderten Asche entstehen im Anziehungsbereich junger Sterne, wie zum Beispiel unserer Sonne, die Planeten, meist, wie bei unserer Erde, mit viel Eisen in ihren Zentren. Auf der Oberfläche der Planeten können sich dann Lebewesen entwickeln. Die Atome, aus denen sie bestehen, sind viel älter als ihr Zentralgestirn, ihre Sonne. Ja, wenn ein solches Atom erzählen könnte! Was hat es nicht schon alles „durch-lebt"? Es war beteiligt an der Evolution des Universums und der Lebewesen als Baustein von Sternen, Pflanzen, Tieren und möglicherweise auch schon von Menschen. Wenn wir also wieder einmal gefragt werden sollten, woher „das

Haar in der Suppe" stammt, dann können wir guten Gewissens behaupten: „Von den Sternen ...!"

Zähmung des Sternenfeuers

Von den Sternen kommt auch, wie bereits geschildert, das Uran. In ihm schlummert die Energie des letzten Aufbäumens eines sterbenden Gestirns. Otto Hahn zeigte, wie diese Energie geweckt werden kann. Schießt man ein Neutron in einen Atomkern, so ändert sich das Element nicht. Uran bleibt, wenigstens vorerst, Uran. Es besitzt aber nun einen Kern, dessen Gleichgewicht durch ein Zuviel an Neutronen gestört ist. Der instabile Kern reagiert darauf entweder sanft und langsam oder brutal und schnell, das heißt, entweder kann der Kern seinen Überschuss an Masse in Form radioaktiver Strahlung wieder abgeben, oder aber er ist unfähig, das zugeschossene Neutron zu „verdauen" und zerplatzt. Die großen Kerne des Urans zerspringen zu radioaktiven mittelschweren Kernen, wobei neben großen Mengen an Energie pro Spaltung noch etwa drei Neutronen frei werden. Diese schießen in die Kerne der Nachbaratome, überladen sie und bringen auch sie zur Spaltung. Es kommt zu einer Kettenreaktion. Im natürlichen Uran, mit dem auch Hahn arbeitete, läuft diese Kettenreaktion nicht ab. Der Grund dafür ist, dass das Uran aus zweierlei Atomsorten besteht: dem Uran-235 und dem Uran-238. Allein das Uran-235 ist leicht spaltbar. Von ihm sind jedoch nur 0,7% im natürlichen Uran enthalten.
Um das Uran-235 spalten zu können, werden sogenannte „langsame" Neutronen benötigt. Die aus einem zerplatzenden Urankern herauskatapultierten Neutronen sind viel zu schnell. Bevor sie, durch Stoßprozesse verlangsamt, vom Uran-235-Kern eingefangen

werden können, sind sie bereits die Beute von Uran-238-Kernen geworden, die mit ihrer Hilfe einen anderen spaltfähigen Stoff, das Transuran Plutonium, „erbrüten". Um einen wirkungsvollen Explosivstoff zu erhalten, muss man also entweder das im natürlichen Uran so spärlich vorkommende Uran-235 aussondern bzw. anreichern oder das Uran-238 in Plutonium umwandeln. Den Amerikanern gelang beides auf Anhieb: das Isolieren der Uran-235-Atome und die Erzeugung von Plutonium im ersten funktionstüchtigen Reaktor, der von dem aus dem faschistischen Italien emigrierten Enrico Fermi mitten in Chicago unter der Tribüne des universitätseigenen Football-Stadions gebaut worden war. Fermis Reaktor, obwohl für die Bombenproduktion konzipiert, wies den Weg für die friedliche Nutzung der Kernenergie: Die Kettenreaktion lässt sich durch das Abfangen von Neutronen verlangsamen und die nun in kleinsten Portionen frei werdende Energie zur Arbeitsleistung nutzen. Ähnlich verfahren wir mit der Energie des Benzins: Autos werden nicht angetrieben, indem man 50 Liter Benzin als Ganzes und im Nu verbrennt, sondern es in Tropfen und Stunden als Knattern explodieren lässt. Beim Benzinmotor wird die Energie genutzt, um Kolben und dann Räder zu bewegen. Im Kernreaktor – sowohl im Kernspaltungs- als auch im projektierten Kernfusionsreaktor – entsteht durch die dort ablaufenden Strahlungsprozesse Wärme, aus Wärme wird dann Dampf und aus Dampf über Turbinen und Generatoren schließlich elektrischer Strom erzeugt.

Heute, knapp fünfundsiebzig Jahre nach Hahns Entdeckung, sind in 31 Ländern der Erde insgesamt 436 Kernkraftwerke in Betrieb, davon in Deutschland, nach dem im Jahr 2011 beschlossenen Atomausstieg, nur noch 9 und 58 (!) im benachbarten Frankreich. Sie alle zusammen erzeugen allerdings nur etwa 5% des

gesamten Energiebedarfs der Menschheit. Hauptenergielieferanten sind weiterhin Kohle, Erdöl und Erdgas. Aber diese fossilen Brennstoffe werden, so nimmt man an, bis zum Ende dieses Jahrhunderts, je nach Energiehunger der rasant wachsenden Erdbevölkerung, mehr oder weniger schnell aufgebraucht sein. Außerdem befürchtet man, dass das bei der Verbrennung der fossilen Energieträger entstehende Gas Kohlenstoffdioxid dazu beiträgt, unsere Atmosphäre in gefährlicher Weise aufzuheizen. Was die Pflanzen in Millionen von Jahren an Kohlenstoffdioxid aus der Atmosphäre herausholten, um es in energiereichen Verbindungen festzuhalten, wird augenblicklich von Kraftwerken, Haushalten und Autos kurzfristig und großzügig in die Atmosphäre zurückgeblasen. Die mit Kohlenstoffdioxid angereicherte Luft vermag die eingestrahlte Sonnenwärme stärker zurückzuhalten als die kohlenstoffdioxidarme. Die Klimaforscher warnen deshalb vor einem durch diesen Treibhauseffekt erzeugten Hitzestau in unserer Atmosphäre. Er würde zum Abschmelzen der arktischen Eiskappen führen und gewaltige Überschwemmungen, das Ablenken bzw. Versiegen von Meeresströmungen sowie tiefgreifende Klimaveränderungen bewirken, begleitet von Unwettern, Hungerkatastrophen und einem massiven Artensterben. Soweit das bekannte Szenario, wie es uns von Klimaforschern geschildert wird.
Dennoch bedürfen diese Aussagen einer relativierenden Ergänzung. Es ist zwar richtig, dass das Gas Kohlenstoffdioxid die frei werdende Wärme gut „speichert". Aber Wärme muss zunächst einmal produziert werden! Und Wärme wird nicht allein bei der Verbrennung von Kohle- und Erdölprodukten frei, sondern zum Beispiel auch beim Verbrauch des von Windkraftwerken erzeugten Stroms – und das ohne Kohlenstoffdioxidemission! Das eigentliche Problem unserer Erderwärmung ist also die zunehmende Wärmeproduktion in unserer

energiehungrigen Zivilisation. Wollte man diese ernsthaft einschränken, müsste man die Fortpflanzung des Menschen reglementieren und den Entwicklungsländern den technischen Fortschritt vorenthalten – oder beweisen, dass der zweite Hauptsatz der Thermodynamik falsch ist. Er besagt, dass die Unordnung im Universum einem Maximum zustrebt (siehe Kapitel 7). Danach wird jede Art von Energie durch „Verbrauch" letztlich in Wärmeenergie umgewandelt. Da die Klimaforscher und auch die Politiker das Problem der zunehmenden Wärmeproduktion nicht wirklich in den Griff bekommen (können), wird weiter auf das Kohlenstoffdioxid als Sündenbock eingeschlagen. Hier hätte man sich von Seiten der Politik mehr Ehrlichkeit gewünscht, zum Beispiel einen Appell zum Energiesparen bzw. zum effektiveren Umgang mit den Energieressourcen. Dazu gehört auch das Eingeständnis, dass die menschengemachte Erderwärmung und mit ihr der Klimawandel nur gebremst, nicht aber rückgängig gemacht werden kann. Das heißt zum Beispiel, wir müssen lernen, mit Klimaveränderungen und Wetterkapriolen zu leben. Dagegen schützt kein blinder Aktionismus. Abhilfe kann nur ein waches, vernünftiges Handeln einforderndes Bewusstsein schaffen. Eine weitere Herausforderung für das für den Menschen typische Überlebensinstrument.

Büchse der Pandora

Wir stehen also vor dem Problem, den Energiebedarf der Menschheit unter bestmöglicher Schonung der Umwelt und Vermeidung einer zu starken Erderwärmung langfristig zu sichern. Kann und soll es die Atomkraft richten? Eine inzwischen rhetorische Frage! Spätestens seit dem Reaktorunfall von Fukushima im Jahre 2011 ist der Atomkraft die Akzeptanz verloren gegangen. Mit Fukushima hat auch im politischen Deutschland ein Umdenken eingesetzt: Das Restrisiko, mit dem jede Technik behaftet ist, erscheint im Zusammenhang mit der Atomenergietechnik nun nicht mehr verantwortbar. Noch im selben Jahr wurde das Atomgesetz geändert. Es sieht jetzt einen geregelten Ausstieg aus der Atomenergie bis zum Jahr 2022 vor.

Damit hat man aber noch nicht alle Probleme, die mit der Atomenergie verbunden sind, gelöst. Nun geht es darum, die großen Mengen giftiger, radioaktiver Abfälle, die die Erde auf unabsehbare Zeit belasten, sicher zu lagern. Absolut sichere Endlager für den strahlenden Abfall gibt es jedoch nicht! Auch eine Wiederaufbereitungsanlage kann den Jahrtausende während radioaktiven Zerfall der Spaltprodukte des Urans und Plutoniums nicht beschleunigen. Sie dient lediglich dazu, den radioaktiven Müll nach Zusammensetzung und Gefährlichkeit zu sortieren. Und gerade die Isolierung des hochgiftigen und bombenfähigen Plutoniums macht die Wiederaufbereitung zu einem technischen und politischen Sicherheitsrisiko: Etwa fünf Tonnen Plutonium fielen jährlich an, als noch 17 deutsche Kernkraftwerke in Betrieb waren. Einige tausendstel Gramm Plutonium töten einen Menschen und zehn Kilogramm reichen aus, um eine Atombombe zu bauen! Nach 24.000 Jahren – einem Zeitraum vom ersten Sesshaftwerden der Steinzeitmenschen bis heute – ist immer noch die Hälfte des jeweils angefallenen Plutoniums vorhanden, nach weiteren 24.000 Jahren wiederum davon die Hälfte und so weiter! Wenn im Jahr 2022 nach dem Atomgesetz das letzte Atomkraftwerk in Deutschland abgeschaltet wird, haben wir in Deutschland etwa 50 Jahre „lang“ von der Atomkraft profitiert. Dafür müssen nun aber unsere Nachkommen 100.000 Jahre lang und länger, das heißt, über mehr als 4.000 Generationen hinweg, Sorge tragen für die sichere Verwahrung dieses gefährlichen Abfalls! Ob das auch unseren Nachbarn bewusst ist, die weiterhin auf die Atomenergie setzen? Die sichere Lagerung des gefährlichen radioaktiven Mülls über einen so langen Zeitraum hinweg ist eine Zumutung für jede Demokratie, aber auch für den einzelnen Menschen! Die Erfahrung lehrt, dass der Mensch, das „Maß aller Dinge", was Zuverlässigkeit und moralische Stärke anbelangt, eben doch nur „Mittelmaß" ist!

Von mittlerem Maß sind auch die Bedingungen der Natur, in die der Mensch eingebunden ist und auf die er sich zunehmend besinnt. Der menschliche Organismus zum Beispiel ist auf mittlere Energien eingerichtet. Die Energie aus den Atomkernen kann von Lebewesen nicht genutzt werden, da sie viel zu kompakt ist und Verbindungen und Zellen zerschmettern würde. Deswegen gibt es auch keine Sinnesorgane für sie. Und das, wofür der Mensch keinen Sinn ausgebildet hat, erscheint ihm eben nicht gerade „sinnvoll" fürs Leben. Auch die auf Sinneseindrücken beruhende Vorstellungskraft des Menschen entwickelte sich in einem mittleren Größenbereich. Winziges und Riesiges, Kerne und Sterne, gehörten bei seiner Evolution nicht dazu. Und was für den Menschen nicht greif- und sehbar war, brauchte er auch nicht zu „begreifen" und „einzusehen" (siehe Kapitel 6). Deswegen erscheint die Welt der Kernenergie und Radioaktivität sehr vielen Menschen „unheimlich", weil sie dort eben nicht „heimisch" sind. Sie fühlen sich eigentlich nur dort zu Hause, wo sie die Welt und ihre Schönheit noch unmittelbar über die Sinne erfahren können und nicht auf „Prothesen" wie Formeln, Modelle und Messgeräte angewiesen sind.

Wenn aber nun in absehbarer Zeit auf die Kernenergie und auch auf die fossilen Brennstoffe verzichtet werden muss, was bietet sich dann als alternative Energiequelle für die Zukunft an? Hauptenergiequelle des 21. Jahrhunderts, davon sind nicht nur die Zukunftsforscher überzeugt, wird die Sonnenenergie sein, möglicherweise mit Wasserstoff, Methan und Methanol als Energieträger und noch zu entwickelnden leistungsfähigen Akkumulatoren als Energiespeicher. Was die Menschheit in einem Jahr an Energie verbraucht, wird von der Sonne in einer Stunde auf die Erde gestrahlt. Saubere Sonne als Ersatz für „schmutzige Energie" aus Atom und Kohle?

Die Pflanzen machen es vor: Unsere Nahrung, ja die gesamte lebende und tote Biomasse, ist nichts anderes als gespeicherter, energiereicher solarer Wasserstoff! Die Pflanze benutzt die Sonnenenergie, um die energiearme Verbindung Wasser in ihre Elemente Wasserstoff und Sauerstoff zu zerlegen. Den Sauerstoff gibt die Pflanze an die Luft ab. Den energiereichen Wasserstoff aber überträgt sie in einem nachgeordneten Schritt auf Kohlenstoffdioxid, das sie aus der Luft aufnimmt. Auf diese Weise entstehen sämtliche Pflanzenstoffe, die wir und andere Lebewesen als Energie liefernde Nahrung nutzen. Die geschilderten Vorgänge laufen in den Blättern ab und werden unter den Begriffen Photosynthese bzw. Assimilation zusammengefasst. Gerade umgekehrt verläuft bei uns und den meisten anderen Lebewesen die Rückgewinnung der Energie aus den nährstoffreichen Pflanzenstoffen. Dieser Vorgang wird Zellatmung bzw. Dissimilation genannt. Dazu wird den Nährstoffen, den Kohlenhydraten, Eiweißen und Fetten, zunächst der energiereiche Wasserstoff entzogen und dieser dann mit dem eingeatmeten Sauerstoff aus der Luft – unter

Energiefreisetzung zum Beispiel für die Muskelarbeit –
wieder zu energiearmem Wasser „verbrannt". Gleichzeitig wird das nicht mehr benötigte Kohlenstoffdioxid
ausgeatmet und den Pflanzen, sozusagen als „Leergut",
zur neuerlichen Wasserstoffspeicherung zur Verfügung
gestellt.

Alles dreht sich also ums Wasser: Energiespeicherung
durch Wasserspaltung und Energiefreisetzung durch
Wasserbildung. Alles umweltverträglich, keine Kernenergie sondern Energie aus der Atomhülle, Recycling
statt Entsorgung! Die Natur spielt wieder einmal den
Lehrmeister und der mit Bewusstsein begabte Mensch
den gelehrigen Schüler. Die Technik für die Produktion,
den Transport und die Umsetzung des solaren Wasser-
stoffs und seiner Folgeprodukte Methan und Methanol
zum Beispiel ist bereits vorhanden und wird stetig ver-
bessert. Dies belegen erfolgreich betriebene Fotovolta-
ik- und Solarthermie-Anlagen, die die Sonnenenergie
geschickt in elektrischen Strom umwandeln, sowie viel-
seitig verwendbare „Energie-zu-Gas-zu-Energie"-Re-
aktoren, die mit Hilfe von Strom aus Wasser Wasserstoff freisetzen und den Wasserstoff mit Kohlenstoffdioxid zu Methan verbinden. In seiner elementaren Form
dient der Wasserstoff als Energielieferant für Brenn-
stoffzellen und Wasserstoffmotoren und in seiner ge-
bundenen Form als Treibstoff auch für herkömmliche
Motoren, mit deren Hilfe wieder Strom erzeugt werden
kann ...

Noch ist die Solartechnik aber nicht genügend ausge-
reift, um preislich mit der etablierten Technik konkur-
rieren zu können. Dabei sollte jedoch bedacht werden,
dass die durch Umweltverschmutzung verursachten
externen Kosten der aktuellen Energiequellen in den
Energiepreisen nicht enthalten sind. Sie belaufen sich,
wie das Fraunhofer-Institut für System- und Innovati-
onsforschung Karlsruhe berechnete, auf ein bis zwei

Drittel der heutigen Marktpreise für Energie! Weiterhin sollte man bedenken, dass es sich bei der Solartechnik um eine noch sehr junge Technik handelt, deren Potenzial riesig eingeschätzt wird und sogar zu Träumen verführt. Diese beziehen sich zum Beispiel auf billigen Wasserstoff, erzeugt durch eine „artifizielle Photosynthese", die am Max-Planck-Institut für Kohlenforschung in Mülheim erforscht wird. Träumen ist auch erlaubt von billigem Strom, den preiswerte organische Solarzellen liefern, die am Fraunhofer-Institut für Photonische Mikrosysteme in Dresden entwickelt werden; außerdem von billigem Strom aus den Wüsten Nordafrikas, der dank der deutschen Initiative „Desertec" und deutscher Solartechnik bald ins energiehungrige Europa fließen soll. Träumen darf man schließlich auch vom Ende des Streits um Windräder und Pumpspeicherkraftwerke „vor der Haustür", weil diese zwischenzeitlich überflüssig geworden sind ...

Diese Hinweise machen deutlich, dass man sich gerade in Deutschland – und das nicht erst seit der Energiewende 2011 – sehr ernsthaft und erfolgreich um die Nutzung der Solarenergie bemüht, nicht nur weil man sich wirtschaftlichen Erfolg erhofft, sondern auch um unseren Planeten lebenswert zu erhalten. Das wäre ganz im Sinne des Philosophen Hans Jonas. Er hat als Ethik unserer modernen Zivilisation das „Prinzip Verantwortung" postuliert: „Handele so, dass die Wirkungen deines Handelns verträglich sind mit der Permanenz echten menschlichen Lebens auf der Erde!" Wenn wir uns seinem Postulat anschließen, sollten wir zudem fordern: Atomkraft – ja bitte, aber nur aus den Atomhüllen, nicht von den Atomkernen; es sei denn von der Sonne, denn sie ist das einzige für unsere Erde und den Menschen vertretbare „Atomkraftwerk"!

Kapitel 4

www: Wissen, Werte, Weltbürger

Wie der Mensch kulturfähig wird

Kaum aus dem Winterschlaf erwacht, liegen sie schon ausgeblutet an den Rändern unserer Fernstraßen: die uns lieb gewordenen, sonst so possierlichen Igel. Drei tote Tiere pro 100 Kilometer Fernstraße pro Jahr besagt eine Statistik. Kein Zweifel, der Igel ist vom Aussterben bedroht. Er wird uns möglicherweise bald nur noch in Märchen begegnen.

Schuld daran ist der durch den Menschen veränderte Lebensraum des Igels, aber auch – und das ist das eigentlich Schicksalhafte – sein Unvermögen zu lernen. Der Igel handelt instinktiv, das heißt, aus einem angeborenen, keiner persönlichen Erfahrung zugänglichen Wissen heraus: Ob im Wald oder auf dem Asphalt, der Reiz „Feind" zwingt den Igel, sich nach einem im Verlauf der Stammesgeschichte erworbenen Programm zu einer Stachelkugel zusammenzurollen. Was einem hungrigen Dachs die Lust am Zupacken verleidet, lässt aber rollende Autoräder kalt ...

Auch der Mensch ist in Gefahr, „unter die Räder zu kommen", nicht weil er wie der Igel nicht lernen kann, sondern weil er falsch und Falsches lernt: Junge Menschen müssen frühzeitig zu der Erkenntnis geführt werden, dass erfolgreiches lokales Handeln globales Denken und lebenslanges Lernen voraussetzt. Diese Kompetenzen zu vermitteln, setzt pädagogisches Geschick und das Wissen um die biologischen Bedingtheiten des Lernens voraus. Darauf wird am Ende dieses Kapitels ausführlicher eingegangen. Nur so kann es gelingen, die jungen Menschen im Zeitalter der Globalisierung als „global citizens" kulturfähig zu machen, das heißt, sie zu befähigen, das kulturelle Erbe reproduktiv zu erhalten und im Sinne der Förderung von mehr Menschlichkeit „evolutiv" fortzuentwickeln.

Der Mensch, ein Affe?

„Willst den Menschen du verstehen,
musst du zu den Affen gehen!"
Dieser Ratschlag ist in mehrfacher Hinsicht hilfreich: Zunächst einmal können wir uns bei einem Zoobesuch selbst davon überzeugen, dass wir mit unseren nächsten Verwandten, den Schimpansen, wie die Wissenschaftler behaupten, tatsächlich 98,4 Prozent des Erbguts gemeinsam haben. Die große Ähnlichkeit in Aussehen und Verhalten und den nur geringen Unterschied im Erbgut nehmen Bestseller-Autoren zum Anlass, den Menschen als „nackten Affen" (Desmond Morris) oder „dritten Schimpansen" (Jared Diamond) zu charakterisieren. Auf den zweiten Blick wird allerdings deutlich und einsichtig, dass der Mensch eben doch kein Affe ist: Schimpansen mögen die besseren Turner und Grimassenschneider sein, aber sie können zum Beispiel keine Liebesbriefe schreiben, keine Gebete sprechen und keine Computer erfinden. Die dafür notwendigen einhundert Milliarden Nervenzellen und die sie einbettenden und unterstützenden eine Billionen Gliazellen passen nicht in ihren Kopf, dafür ist er zu klein! Der kleine Kopf aber ist von Vorteil bei der Geburt: Die Affenmutter bringt kurz und schmerzlos ein bereits selbständig lebensfähiges Affenkind zur Welt. Anders beim Menschen: „Du sollst mit Schmerzen Kinder gebären", sprach Gott zum sündigen Weib, wie Moses berichtet. Es ist der große Kopf des Kindes mit der „Hardware" für ein ausgeprägtes Bewusstsein, der der Menschen-

mutter bei der Geburt Probleme bereitet. Der Mensch muss frühzeitig – noch unvollkommen an Kopf und Körper – den Mutterleib verlassen. Das Menschenjunge hätte sonst auf Grund der Enge des Geburtskanals keine Chance, jemals das Licht der Welt zu erblicken. Wie nun überlebt diese hilflose „physiologische Frühgeburt"? Die Natur sorgte vor. Sie erfand die Liebe!

Die Liebe – ein Trick der Natur

Man stelle sich vor, der Menschenfrau würde wie beim Schimpansenweibchen zur Zeit des Eisprungs ein dickes rotes Hinterteil wachsen. Man stelle sich weiterhin vor, sie würde es als Symbol ihrer aktuellen Fruchtbarkeit jedem in Reichweite befindlichen Mann präsentieren, um sich dann von ihm und vielen anderen der Reihe nach rücklings begatten zu lassen – und das in aller Öffentlichkeit, ohne erkennbare Gefühlsregung, allenfalls begleitet von weiblichem Angstgeschrei und männlicher Drohgebärde, aber ohne Zärtlichkeit und Hingabe. Ein schreckliches Szenario, vollkommen untauglich für das erfolgreiche Aufziehen der fürsorgebedürftigen menschlichen „Frühgeburt".
Eine neue Fortpflanzungsstrategie musste her: Die Promiskuität, der Sex mit wechselnden Partnern, wurde abgeschafft, das Signal einer aktuell vorliegenden Fruchtbarkeit unterdrückt und – die Liebe erfunden, jenes für den Menschen typische, glücklich machende Zusammengehörigkeitsgefühl, das nach körperlicher Nähe und lustvoll erlebbarer sexueller Vereinigung drängt. Sie führte zu einer dauerhaften Paarbindung zwischen Mann und Frau, ohne die keine Zeugung und in der Folge auch kein erfolgreiches Großziehen von Kindern möglich war; mit anderen Worten, es wurde der Grundstein für die Familie gelegt. Und die Liebe

entpuppt sich dabei als ein Glück versprechender Trick der Natur, der das anspruchsvolle Auf- und Erziehen von Menschenkindern sichern soll. Damit verbunden ist auch das Glückserleben, das Eltern zuteil wird, wenn sie auf die Signale der Fürsorgebedürftigkeit des Kindes reagieren („Kindchenschema", siehe Kapitel 2) und das Kind „liebevoll" an ihr Herz drücken.

Für eine Optimierung des Fortpflanzungserfolgs sorgte zudem die „Erfindung" des Klimakteriums, das heißt, die Verkürzung der Fruchtbarkeitsphase im relativ langen Leben der Frau: Unter den frühen Bedingungen des Menschseins, in der Phase des Jäger- und Sammlerdaseins, bedeutete jede Geburt eine große Gefahr für das Leben der Mutter und bei deren Tod, auch für das Überleben der noch fürsorgebedürftigen anderen Kinder. Die Selektion förderte also ein vorzeitiges Ende der Fruchtbarkeit und damit auch die Möglichkeit, dass die Frau, von eigenen Mutterpflichten entbunden, der Tochtergeneration als Großmutter helfend zur Hand gehen konnte. Der Mann blieb ohne Klimakterium, da die Geburt eines Kindes für ihn mit keiner Todesgefahr verbunden war. Dafür büßt er – „testosterongestresst" – mit einem kürzeren Leben …

Heute ist aus der „Liebe, ein unordentliches Gefühl" geworden, so der Titel eines immer noch aktuellen Bestsellers. Unordnung entsteht, wenn Ordnung verloren geht, hier die Einheit von Liebe, Sexualität, elterlicher Fürsorge und Klimakterium der Frau. Durch den kulturellen Fortschritt ihrer überlebenswichtigen Funktion beraubt, werden die aktuell verbliebenen Bruchstücke dieser Einheit von immer mehr Menschen auf der Suche nach persönlichem Glück und schneller Lustbefriedigung in egoistischer Weise manipuliert, unter Zurücklassung von immer mehr unglücklichen Familien, Partnerschaften und – Kindern, der eigentlichen Zielgruppe der Liebe.

Nicht nur die Liebe entstand in den Zeiten des Jagens und Sammelns, sondern auch die Kommunikation der Menschen mit Hilfe einer Wortsprache. Das Zeitalter der nomadisierenden Jäger und Sammler erstreckte sich über einen Zeitraum von mehr als zwei Millionen Jahren. Es endete mit dem allmählichen Sesshaftwerden vor etwa 25.000 Jahren. Ordnet man der Menschheitsgeschichte die Dauer eines Tages zu, so nimmt das Jäger- und Sammlerdasein einen Zeitraum von etwa 23 Stunden und fünfundvierzig Minuten ein. Das muss man wissen, um begreifen zu können, warum und unter welchen Lebensbedingungen sich jene Eigenschaften herausbildeten, die unser Verhalten auch heute noch „bestimmen". Und die Sprache, „die Stimme", ist neben der Liebe und der noch zu besprechenden Sippenmoral die wichtigste Errungenschaft dieser Zeit.

Wie die Entstehung der Liebe so ist auch die Entstehung der Sprache mit der Veränderung typisch äffischer Merkmale verbunden: Der Mensch ging endgültig zum Bodenleben über: Er entwickelte den aufrechten Gang, setzte seine Arme frei für Manipulieraufgaben und machte damit die Brustkorbventilation unabhängig von der Laufbewegung. Gleichzeitig senkte sich der Kehlkopf ab, der Rachenraum erweiterte sich zu einem Resonanzraum und synergetisch dazu vergrößerte sich das Vorderhirn durch die Bereitstellung von motorischen und sensorischen Sprachzentren. Heraus kam eine variable, auf symbolischen Lauten beruhende durch Semantik und Syntax geregelte Wortsprache. Die Erfinder dieser Wortsprache konnten nun Vorgehensweisen „ab-sprechen", Probleme „besprechen" und Leistungen und Gegenleistungen „versprechen". Das Jagen und Sammeln und auch das Familienleben profitierten davon. Die Schimpansen haben es lediglich zu einer Signalsprache gebracht, in der „Stimmungen" durch Laute und Gebärden vermittelt werden.

Die Wortsprache macht den Menschen einzigartig. Deswegen ist es nicht verwunderlich, dass viele Philosophen – schon vor zweihundert Jahren Gottfried Herder und Wilhelm von Humboldt – den Menschen definieren als „das Lebewesen mit dem Potenzial zu sprechen": Sprechen ist das laute Denken unseres Bewusstseins; ohne Denken keine Ideen und Ideale, ohne diese keine Kultur und ohne Kultur kein Menschsein und keine Menschlichkeit!

Das Versprechen der Schlange

Wie die Sprachfähigkeit so ist auch die Fähigkeit zum moralischen Handeln dem Menschen angeboren: „Eritis sicut Deus, scientes bonum et malum", „ ... und werdet sein wie Gott und wissen, was gut und böse ist", verspricht die Schlange den Menschen, wenn diese (verbotenerweise) vom Baum der Erkenntnis essen. So steht es in der Schöpfungsgeschichte des Alten Testaments und in der Schülerszene von Goethes „Faust". Welche Sprache gesprochen wird, und was als „gut" oder „böse" zu gelten hat, darüber entscheidet allerdings die menschliche Gemeinschaft, in die der Mensch beim Heranwachsen hineinwächst, in der er, wie man sagt, „sozialisiert" wird. Bevor jedoch ein Kind sozialisiert werden kann, muss es gelernt haben, körperlich, geistig und seelisch „auf sicheren Beinen zu stehen": In der frühkindlichen Phase der ersten drei Lebensjahre lernt das Kind laufen und sprechen; es „verdrahtet" seine Gehirnzellen entsprechend seinem persönlichen Umfeld und entwickelt das sogenannte „Urvertrauen", ein Vertrauen, das durch die liebevolle Zuwendung der Eltern entsteht. Es verleiht dem Kind jenes Selbstvertrauen, das es benötigt, um für die Sozialisation offen und zu sozialem Handeln fähig zu sein. Ohne Urvertrauen gelingt keine Sozialisation; das Kind wird „a-sozial" und damit zum Problemfall für die Gemeinschaft.

Im europäischen Westen vollzieht sich die Sozialisation anders als im Nahen oder Fernen Osten. Sie wirkt stabilisierend auf die bunte Palette völkerspezifischer Sitten und Gebräuche, die wir als anregend schön empfinden und nicht missen möchten. Sie kann aber auch interkulturelle Konflikte provozieren. Wie ist das möglich?

Die Ursprünge unseres moralischen Handelns und die sie stützende Sozialisation reichen zurück – darauf wurde bereits hingewiesen – bis in die Zeit der Jäger und Sammler. In jener Zeit war das Überleben des Einzelnen abhängig vom Überleben der Gruppe, der Sippe. Diese stand in Konkurrenz mit anderen Sippen, wobei jene Sippe im Vorteil war, deren Sippenmitglieder ein sippendienliches „altruistisches" Verhalten zeigten. Der Altruismus ist gekennzeichnet durch ein uneigennütziges Verhalten im Dienste der Sippenmitglieder zum Beispiel durch die Bereitschaft, anderen zu helfen, mit ihnen die Nahrung zu teilen, sie bei Gefahr zu warnen und sie unter dem Einsatz des eigenen Lebens zu verteidigen. In diesem Verhalten spiegeln sich die für das (Über)Leben der Sippe „wert-vollen" Tugenden wider wie zum Beispiel Ehrlichkeit, Großmut und Tapferkeit sowie Hilfsbereitschaft, Disziplin und Solidarität. Eigenschaften wie Unehrlichkeit, Feigheit, Egoismus, Geiz, Neid, und Habgier hätten die Sippe ins Verderben führen können. Wer fühlt sich bei der Aufzählung dieser Charaktereigenschaften nicht an die Zehn Gebote und die Sieben Todsünden erinnert?! Tatsächlich findet sich die altruistische Sippenmoral als Überlebensstrategie – von „Priestern" mit göttlichen Weihen versehen – in allen Religionen wieder (siehe Kapitel 6). Die altruistische Sippenmoral bildete den Kitt, der die Sippe zusammenhielt. „Einer für alle und alle für einen!", „Gemeinsam sind wir stark!" und „You never walk alone!", mit diesen Parolen könnten sich auch die Jäger und Sammler Mut gemacht haben!

Der zwiespältige „schizoide" Mensch

Aber die altruistische Sippenmoral hat auch ihre Schattenseite: Das altruistische Verhalten soll, da es teilweise mit beträchtlichen Opfern der Sippenmitglieder verbunden ist, nur den eigenen Mitgliedern zugute kommen. Im Zusammenhang damit steht das Bestreben, sich von anderen Sippen zu unterscheiden und abzugrenzen. Es kam zur Ausbildung eines sippenspezifischen „Stallgeruchs" durch die Entwicklung besonderer Begrüßungsformen, eines speziellen Brauchtums sowie einer eigenen Sprache und einer eigenen Religion. Gleichzeitig entstand eine Ablehnungshaltung gegenüber Fremden, die sich zu Fremdenhass steigern konnte. Der islamistisch geprägte internationale Terrorismus und der Rechtsradikalismus hierzulande mit seinen ausländerfeindlichen Parolen haben sicherlich hierin ihre Wurzeln ...

Es gibt aber noch einen weiteren Grund, der es mitunter schwierig macht, die in unseren Genen als Disposition angelegte, im Prinzip Frieden stiftende altruistische Sippenmoral für unser heutiges Leben fruchtbar werden zu lassen: Das beim Menschen besonders groß ausgebildete „Neuhirn" oder Vorderhirn, in dem das Bewusstsein und die Vernunft, die Sprache und die Moral ihren Sitz haben, ist nicht allein in unserem großen Kopf: Unter der helmartigen Struktur unseres

„Neuhirns" schlummert wie ein Drache das „Althirn", das Zentrum der Reflexe, Instinkte und aller jener als „böse" bezeichneten Triebe! Wenn uns Hunger oder Durst plagen, wir Ungerechtigkeit und Unterdrückung empfinden, uns Angst oder Wut erfüllen, dann fühlt sich das Althirn angesprochen, und wenn dieses antwortet, muss das Neuhirn schweigen. Die Sprichwörter „Wenn die Trommel ruft, rutscht der Verstand in die Hose!" und „In der Not frisst der Teufel Fliegen!" veranschaulichen diesen Sachverhalt.

Der Besitz dieser beiden, was die Moral anbetrifft, antagonistischen Gehirnteile macht den Menschen zu einem zwiegespaltenen, „schizoiden" Wesen. Zwei Seelen wohnen halt in seiner Brust. Kein anderer hat dies klarer erkannt als Goethe: „Unseren Zustand schreiben wir bald Gott, bald dem Teufel zu und fühlen ein wie das andere Mal: in uns selbst liegt das Rätsel, die wir Ausgeburten zweier Welten sind." Schon die „alten Griechen" hatten den Menschen durchschaut. Sie brachten das Schizoide im Menschen symbolisch in Form tierisch-menschlicher Fabelgestalten zum Ausdruck: männliche Zentauren, oben Heroen und unten wilde Rosse, und weibliche Sirenen, verführerisch mit singenden Lippen, aber Zehen mit Geierklauen ...

Fremde zu Freunden machen

Das alles erklärt, warum uns das Einhalten von Geboten und Gesetzen so schwer fällt, und wir so leicht zu Sündern werden! Problem erkannt, Gefahr gebannt!? Aber erst, wenn wir die richtige Problemlösung gefunden haben; und die liefert uns wieder einmal unser Bewusstsein, das für den Menschen typische Überlebensinstrument. Es rät uns, die für das Zusammenleben der Menschen positiven Elemente der altruistischen Mo-

ral, wie zum Beispiel Ehrlichkeit und Hilfsbereitschaft, als willkommene evolutionäre Mitgift zu übernehmen. Ihre negativen Elemente aber, wie zum Beispiel die Fremdenfeindlichkeit und die Fixierung allein auf das Gruppenwohl, sollten wir durch das Begreifen des Menschen als Mitglied einer größeren Sympathiegruppe, in idealer Weise der Weltgemeinschaft, zu überwinden versuchen. Das kann gelingen, wenn wir die auf die Abgrenzung gerichteten „Kräfte" des Altruismus aufgreifen und sie nach dem Jiu-Jitsu-Prinzip für die „Kräfte" der Zusammenführung der Menschen nutzbar machen. Geeignet dafür ist zum Beispiel die Beherrschung einer gemeinsamen Sprache. Von den etwa 3.000 Sprachen ist die englische Sprache offensichtlich dabei, als Weltsprache akzeptiert zu werden. Sie ist die Sprache des Internets, der Wissenschaft, des Handels und des Tourismus. Nicht umsonst wird in China geradezu fanatisch Englisch gelernt, und den thailändischen Schülern zum Beispiel wird laut „Bangkok Post" die englische Sprache nicht mehr als „foreign" sondern als „global language" gelehrt ...
Auch die verschiedenen Religionen haben das Potenzial, einigend zu wirken. Sie besitzen alle – auch der Islam – einen Frieden stiftenden humanitären Kern und ihre religiösen Gebote zielen in säkularisierter Form ab auf die Beachtung der von der Weltgemeinschaft für allgemeingültig erklärten Menschenrechte (siehe Kapitel 6).
Eine Menschen verbindende Wirkung geht auch von der Einsicht aus, dass im Grunde jedes lokale Handeln globale Auswirkungen hat. Man ist dabei zu erkennen, dass die Probleme der Umweltverschmutzung, des Klimaschutzes und des Bevölkerungswachstums sowie die der Verknappung von Nahrungs-, Rohstoff- und Energiereserven nur im Geist gemeinsamer Verantwortung gelöst werden können.

Ähnliches gilt für die Arbeit internationaler (Hilfs)
Organisationen, den Tourismus und die Durchführung
internationaler zum Beispiel sportlicher oder musischer
Wettbewerbe. Auch sie können Menschen einander nä-
her bringen, Ressentiments abbauen und schließlich
Fremde zu Freunden machen.

Und wie nun gelingt es, die triebbedingten Neigungen
des Menschen zu Unvernunft und Grausamkeit zu beherrschen? Der Mensch soll die moralische Kraft auf-
bringen, sich von ihnen zu befreien. Hier sind Eltern
und Erzieher gefordert. Sie müssen dem Neuhirn, dem
Fürsprecher des typisch Menschlichen, zum Sieg ver-
helfen über das Althirn, den Statthalter des triebhaft
Tierischen. Aber auch die Politik muss ihren Beitrag
leisten. Es gilt die Rahmenbedingungen zu schaffen
für ein menschenwürdiges Leben, um so den negativen
Einfluss des Althirns zu unterbinden und ihm keinen
Grund zu geben, barbarische Alternativen zu entwickeln.

Segen und Fluch der Emanzipation

„Es braucht ein ganzes Dorf, um ein Kind großzu-
ziehen!" Diese Erfahrung von gestern hat auch heute
noch Bestand. Nur, dass das Dorf heute die zum Dorf
geschrumpfte Welt ist und sich die erziehenden und
sozialisierenden Instanzen der Gesellschaft stark verändert haben. Zudem sind neue hinzugekommen, zum
Beispiel das Fernsehen und das Internet mit seinen so-
zialen Netzwerken.

Die größte Bedeutung für die Sozialisation und Erziehung hat jedoch weiterhin das Elternhaus. Und hier hat
sich am meisten verändert. Das betrifft insbesondere
das neue Rollenverständnis der Frau. Sie möchte nicht
mehr nur allein Hausfrau und Mutter sein. Auch sie

nimmt für sich in Anspruch, durch das Ergreifen eines Berufs finanziell unabhängig zu werden, Karriere machen und sich selbst verwirklichen zu dürfen – möglicherweise mit Verzicht auf Kinder, aber ohne Verzicht auf ein Sexualleben. Diese Neuorientierung im Leben der Frau, ihre Emanzipation von der ausschließlichen Mutterrolle, ist verständlich und muss akzeptiert werden. Sie steht zudem in Einklang mit dem Emanzipationsstreben, das für die Natur- und Kulturgeschichte des Menschen typisch ist: Die Wirbeltiere, an deren Spitze der Mensch steht, emanzipierten sich zum Beispiel vom Wasser durch die Ausbildung von Lunge und Fruchtblase sowie von den Instinkten durch die Ausbildung des Bewusstseins. Damit wurde die Kulturgeschichte des Menschen eingeleitet. Auch sie stellt sich als Emanzipationsprozess dar, als die Emigration des Menschen aus der Natur in die Welt der Technik durch das Erfinden und Nutzen von „künstlichen Organen", von Werk- und Denkzeugen (siehe Kapitel 1). Auch das für den Menschen typische Ausleben seiner Sexualität, die Emanzipation vom Kinderzeugen durch das Benutzen von Verhütungsmitteln, gehört hierher.

Aber – wie es bei den Lebewesen keine Emanzipation ohne die Bereitstellung oder vorherige Ausbildung qualifizierender (Körper)Strukturen gibt, so ist auch die Emanzipation der Frau ohne hilfreiche, sie stützende Einrichtungen, nicht denkbar. Und das ist unser aktuelles Problem! Der angestrebten Emanzipation der Frau fehlen die Voraussetzungen: Es gibt nicht genügend Tagesmütter, Krippen- und Kindergartenplätze, beziehungsweise es mangelt an deren Finanzierbarkeit! Es fehlen zudem gut ausgebildete Erzieherinnen; nur „Bespaßung" der Drei- bis Fünfjährigen entspricht einer „unterlassenen Hilfeleistung"! Es gibt zudem immer noch zu viele Männer, die sich mit dem neuen Rollenverständnis der Frau schwer tun und nicht bereit sind, zur Entlastung der Frau und Mutter häusliche Pflichten zu übernehmen. Wo sind zudem die müttergerechten Arbeitsplätze, die den Frauen mehr Mut zum Kind machen können? Diese, einer Emanzipation der Frau entgegenstehenden Mängel, brachten schwerwiegende Fehlentwicklungen mit sich: Deutschland liegt mit im Durchschnitt nur 1,4 Kindern pro Frau weit hinter seinem Nachbarn Frankreich, das mit 2,1 Kindern pro Frau einen bevölkerungspolitisch idealen Wert erreicht. Mehr als die Hälfte der deutschen Kinder wächst zudem nicht mehr in der klassischen Familie auf, sondern ohne Vater, in Patchwork-Modellen oder mit unverheirateten Eltern. Fast jede dritte Ehe wird inzwischen geschieden; und Omas und Opas machen sich rar im Zeitalter zerfallender Großfamilien. Kinderkriegen bedeutet zudem für immer mehr Eltern je nach finanzieller Situation nicht mehr das natürliche Familienglück, sondern „Chic-sal" oder Schicksal! Leidtragende sind auf jeden Fall die Kinder, denn sie möchten laut aktueller Glücksforschungsstudie als erwünschte Mitglieder einer intakten Familie groß werden ...

Inzwischen haben Politik und Gesellschaft in Deutschland die Fehler erkannt und Korrekturen eingeleitet. Ob und wie schnell sie greifen, ist ungewiss.

Mit der Natur lernen

Wen wundert es, wenn die Schulen heute über unerzogene, disziplinlose, einer Anstrengungskultur nicht zugängliche Schüler klagen, und die „Pisa-Zeugnisse" entsprechend schlecht ausfallen. Das liegt zum Teil auch an den Problemen, die die Schule mit Migrantenkindern hat. Viele von ihnen sind, was Sprache und Moralvorstellungen anbetrifft, immer noch nicht in

Deutschland angekommen ... Das spüren insbesondere die Lehrer. Aber Lehrer sind Berufsoptimisten; sie müssen es sein bei den wenigen Erfolgserlebnissen, die sie haben, und der fehlenden Unterstützung durch Sozialpädagogen und Schulpsychologen. Doch wenn die Lehrer durch Sachkenntnis überzeugen können und methodisch geschickt – wieder nach dem Jiu-Jitsu-Prinzip – die für den Menschen typischen Eigenschaften bedenken und für ihren Unterricht nutzen, dann werden sie auch lernunwillige, schlecht erzogene und falsch sozialisierte Schüler für ihr Fach begeistern können. Guter Unterricht steht und fällt mit der Qualität des Lehrers! Das jedenfalls bestätigt wieder einmal eine neue Studie – diesmal aus dem Hause McKinsey. Und dies sind die wichtigsten Faktoren, die das Lernen fördern und einem guten Pädagogen – griechisch: „Knabenführer" – die Gefolgschaft sichern können:

Erstens: die Motivation. Der Mensch ist, stammesgeschichtlich bedingt, ein Lernwesen. Angeboren ist ihm jedoch nur die Lernfähigkeit, nicht der Lernwille. Es gilt also zunächst einmal, den Willen zum Lernen zu aktivieren, das heißt, den Lernenden zu motivieren. Zur Motivation können zwei dem Menschen angeborene Eigenschaften genutzt werden. Sie waren es auch, die den frühen Menschen auf ganz natürliche Weise, also noch nicht schulisch institutionalisiert, zum Lernen anregten. Zunächst einmal ist der Mensch ein exploratives Wesen, das heißt, er hat überspitzt ausgedrückt, das Bedürfnis, seine extrem ausgebildete Sinnes-, Geistes- und Gefühlswelt mit immer neuen Reizen zu füttern. Der Mensch ist zudem ein Lebewesen, das in Kausalzusammenhängen denkt; das bedeutet, er schenkt in der Regel nur dem Beachtung, was ihm sinnvoll erscheint. Sinnloses wird als etwas Fremdes gemieden. Das Lernen eines Sachverhalts sollte deshalb stets „Reiz-voll" und „Sinn-voll" sein.

Zweitens: die Assoziation. Behalten bedeutet, neues Wissen durch Assoziation, durch Verknüpfen mit bereits vorhandenem, ähnlichem Wissen zu speichern. Es ist eine energiesparende Art des Ordnungsschaffens, eben durch Ein- beziehungsweise Zuordnen. Viele bewährte Grundsätze fürs Unterrichten haben hierin ihre Wurzeln, wie zum Beispiel „Vom Nahen zum Fernen", „Vom Bekannten zum Unbekannten" und „Vom Einfachen zum Komplizierten". Zur Verankerung von Wissen durch Assoziation gehört auch das Bilden von Eselsbrücken. Ohne Eselsbrücken, oft poetisch aufpoliert, kommt kein Medizinstudent durch die Anatomieprüfungen. Auch das Bilden von Analogien gehört dazu. Hier geht es darum, Tatsachen miteinander in Beziehung zu setzen, so dass die eine sich aus der anderen erklärt: zum Beispiel der Vergleich der weißen Blutkörperchen mit der „Gesundheitspolizei".

Drittens: das Ansprechen möglichst vieler Sinne. Eine Information ist um so leichter wieder abrufbar, je vielfältiger sie im Gedächtnis verankert wurde. Die Aufnahme einer Information durch den Hörsinn speichert diese im Hörgedächtnis, gleichzeitiges Sehen speichert sie zusätzlich im Sehgedächtnis. Auch die verschiedenen Bewegungsmotoriken haben ihre Gedächtniszentren und können zur Verankerung von Wissen herangezogen werden. Das „Learning by doing", das Mitschreiben, Nachsprechen und auch die Schülerübungen in den Naturwissenschaften erhalten so ihre pädagogische Berechtigung.

Viertens: der Informationsfluss. Eine neu zu lernende Information braucht Zeit um sich assoziieren zu können. Spezielle Experimente können zeigen, dass im Bereich von zwei bis drei Sekunden ein Qualitätssprung im Erleben stattfindet. Das bedeutet, dass das menschliche Gehirn bis zu einer Grenze von etwa drei Sekunden Informationen zu einer Einheit integrieren kann. Jenseits dieser Grenze verliert das Gehirn die Kontrolle über den Informationsgehalt: die Informationen überschlagen sich und erschlagen damit ihren Sinn. Dazu sei das Ergebnis einer Untersuchung angeführt, in der der Informationsfluss in Schulbüchern mit dem in Märchenbüchern verglichen wurde: In den Schulbüchern, so stellte sich heraus, ist der Informationsfluss viel zu groß. Schulbücher nehmen keine Rücksicht auf den Rhythmus des inneren Erlebens. Anders die Märchenbücher. Hier entspricht der Informationsfluss dem natürlichen Drei-Sekunden-Takt. Die Märchenerzähler machten es also intuitiv richtig, als sie ihre Texte niederschrieben. Sie gingen dabei sicherlich vom frei gesprochenen Wort aus, hatten die zuhörenden Kinder vor Augen und bedachten deren Fähigkeiten, dem Text zu folgen. Der gute Lehrer achtet also stets darauf, dass der Informationsfluss seines Unterrichts in Resonanz bleibt mit den Gehirnprozessen des Lernenden.

Fünftens: das Lernklima. Unter Stressbedingungen lernt sich's schlecht. Die sogenannte Stressreaktion, bei der es zur Ausschüttung des Hormons Adrenalin kommt, vermag die Gehirnfunktion zu blockieren. Sie ist ein Erbe aus der Frühzeit der Menschheitsgeschichte, als es in den meisten Lebenssituationen wichtiger war, die Muskeln statt das Gehirn zu gebrauchen. Wir müssen mit diesem Erbe leben. Zum optimalen Lernen gehört deshalb ein stressfreies, angenehmes Lernklima. Dem äußeren angenehmen Rahmen entsprechend, erhält dann auch die Lerninformation eine angenehme Einfärbung. Und Angenehmes behält man eben besser als Unangenehmes.

Diese Hinweise sollen deutlich machen, dass man geistige Prozesse nicht von biologischen trennen darf und dass es besser ist, mit dem Organismus zu lernen als gegen ihn. „Du sollst lebendig machen", riet Pestalozzi dem Lehrer. Der Biologe würde heute ergänzen: „... indem du dich auf das Lebendige besinnst und dessen Prinzipien für deine Zwecke nutzt." Wenn dies geschieht, wird das Lernen von Wissen und Werten attraktiv und erfolgreich sein und seine qualifizierende Funktion für die Erziehung des jungen Menschen zum Weltbürger, wie gewünscht, erfüllen können.

Kapitel 5

Schöne neue Bio-Welt

Über die Chancen und Risiken der Gentechnik
und Fortpflanzungsmedizin

Schlag nach bei – Goethe, dem großen Visionär und Altmeister auch der Science-fiction! Fausts gelehrigem Schüler Wagner gelingt es, „aus vielen hundert Stoffen" einen künstlichen Menschen, den „Homunculus", zu „komponieren". Soweit ist die Wissenschaft zwar heute noch nicht, aber die ersten Schritte in diese Richtung sind getan: Eine große Zahl jener Stoffe lagert bereits als Therapeutika in den Regalen von Apotheken und medizinischen Laboratorien. Sie stammen meist von Mikroorganismen, deren Stoffwechsel durch künstlich eingeschleuste menschliche Erbsubstanz so umfunktioniert wurde, dass sie nun quasi als nützliche Sklaven Stoffe produzieren, die sie selbst gar nicht benötigen. Einer dieser Stoffe ist zum Beispiel das Hormon Insulin, jene Substanz also, die den Blutzuckerspiegel reguliert und deren Mangel die Zuckerkrankheit bewirkt. Bisher mussten zuckerkranke Menschen mit chemisch modifiziertem Schweine- oder Rinderinsulin von Schlachthoftieren vorlieb nehmen, oft unter Inkaufnahme lästiger Nebenwirkungen. Heute steht ihnen reines Humaninsulin zur Verfügung, dank der Mithilfe zum Beispiel des Darmbakteriums Escherichia coli.

Neben Medizin und Pharmazie profitieren inzwischen auch andere Wissenschaften und Wirtschaftszweige von der Produktivkraft genetisch veränderter Mikroorganismen. In der Landwirtschaft gibt man sich allerdings nicht mehr nur mit solchen manipulierten Winzlingen zufrieden. Dort haben bereits gentechnisch

„gestylte" Tiere und Pflanzen in Ställen bzw. Gewächshäusern Einzug gehalten und sind dabei, das Freiland zu erobern.

Ein neues Zeitalter voller Chancen und Risiken scheint heraufzuziehen: Phantastische Verheißungen lassen Hunger und Krankheiten technisch überwindbar erscheinen. Aber auch Befürchtungen werden laut: Im Labor „herbeiexperimentierte" neue Krankheitserreger könnten die Menschheit bedrohen, oder gar gentechnisch manipulierte Menschen würden eines Tages das menschliche Original von der Erde verdrängen! Die Gentechnik, in Allianz mit der modernen Fortpflanzungsmedizin, mit der In-vitro-Fertilisation, dem Embryo-Transfer und dem Klonen, schickt sich an, die Welt zu verändern. Nach der Erschließung neuer Energiequellen und Kommunikationsmöglichkeiten hat uns unser forschendes Bewusstsein mit der Gentechnik und der Fortpflanzungsmedizin Werkzeuge in die Hände gelegt, die es uns ermöglichen, einen direkten Eingriff in die Schöpfung vorzunehmen. Wir sollten dieser besonderen Herausforderung geistig und moralisch gewachsen sein.

Fundament des Lebens

Von den „vielen hundert Stoffen", aus denen Lebewesen bestehen, sind diejenigen von besonderer Bedeutung, die zum einen zur Gruppe der Nukleinsäuren und zum anderen zur Gruppe der Eiweiße gehören.

Die Nukleinsäuren (DNA: Desoxyribonukleinsäure und RNA: Ribonukleinsäure) eignen sich besonders gut zur Speicherung von Informationen. Sie dienen deshalb den Lebewesen als stoffliche Grundlage ihrer Erbinformation. Ein kleines Stück Nukleinsäure mit der Fähigkeit, ein Merkmal zu bestimmen, wird Gen genannt. Die Gene liegen perlschnurartig aufgereiht auf fädigen Strukturen, den sogenannten Chromosomen. Der Mensch besitzt 23 verschiedene Chromosomen im Kern jeder männlichen und weiblichen Keimzelle. Nach der Befruchtung befinden sich dann 46 Chromosomen, der doppelte Chromosomensatz, im Kern jeder Körperzelle. Der Zellkern, wissenschaftlich Nukleus, stellt somit den Informationsspeicher der Zelle dar. Die Gesamtheit aller Gene einer Zelle wird Genom genannt.

Die Eiweiße (Proteine), als zweite lebenswichtige Substanzgruppe, sind auf Grund ihrer physikalischen und chemischen Eigenschaften besonders gut geeignet, als Bau- und Steuersubstanzen zu fungieren. Das Zusammentreffen von Nukleinsäuren und Eiweißen vor etwa vier Milliarden Jahren lieferte den initialen Funken für die Entstehung von Leben auf unserem Planeten: Die Nukleinsäuren bestimmen über die Struktur der Eiweiße, und die Eiweiße wiederum steuern den Auf- und Abbau der Nukleinsäuren und der übrigen Körpersubstanzen. Das harmonische Zusammenspiel von Nukleinsäuren und Eiweißen bildet das Fundament dessen, was wir Leben nennen.

Wie dieses Zusammenspiel im einzelnen funktioniert, ist bereits in großen Teilen aufgeklärt worden. Zahlreiche Nobelpreise zeugen von den wissenschaftlichen Leistungen, die auf diesem Weg erbracht wurden. Es musste insbesondere der Frage nachgegangen werden, welche Beziehungen zwischen dem Aufbau der Nukleinsäuren und dem Aufbau der Eiweiße bestehen. Die Antwort lieferte das Auffinden des sogenannten genetischen Codes (franz./engl.: Signalschlüssel). Es ist ein universaler Code, wie sich herausstellte. Er gilt für alle Lebewesen, ob Löwe, Laus oder Tuberkelbazillus. Mit seiner Hilfe lässt sich die „Nukleinsäure-Sprache" in die „Eiweiß-Sprache" übersetzen und umgekehrt.

Zum Beispiel Insulin

Wird nun ein bestimmtes Gen für die gentechnische Herstellung eines Eiweißes, zum Beispiel des Hormons Insulin, benötigt, so erübrigt sich die äußerst schwierige Suche nach ihm unter den Tausenden von Genen auf den 2x23 Chromosomen. Man erschließt den Aufbau des Gens mit Hilfe des genetischen Codes aus dem Aufbau des herzustellenden Eiweißes, programmiert mit diesem Wissen den Gen-Synthesizer und lässt sich das gesuchte Gen „zusammenstricken".
Wenn das Gen fertiggestellt ist, kann bei den sich nun anschließenden Prozessen auf Maschinen verzichtet werden: Zur Vervielfältigung menschlicher Gene und zur Herstellung der zugehörigen Eiweiße werden die Produktivkräfte des Lebendigen genutzt. Dazu bedient man sich des Stoffwechsels von Bakterien oder niederen Pilzen. Dass es unter diesen Mikroorganismen nicht nur Krankheitserreger, sondern auch Produzenten nützlicher Güter gibt, ist sicherlich bekannt. Erinnert sei nur an die Herstellung von Wein, Essig oder Joghurt. Bisher war man beim Auffinden derart hilfreicher Lebensformen auf den evolutionären Zufall angewiesen. Heute können Biologen mit Hilfe genchirurgischer Methoden Mikroorganismen so verändern, dass sie ganz nach Wunsch Hormone, Impfstoffe, Enzyme oder andere nützliche Wirkstoffe produzieren. Ähnliches gelingt inzwischen auch mit Zellkulturen von höher organisierten Lebewesen, zum Beispiel von Hamstern, nur reicht deren Produktivkraft bei weitem nicht an die der sich rasant vermehrenden Mikroorganismen heran.
Bei der genetischen Manipulation von Bakterien kommt heute allgemein ein Verfahren zur Anwendung, das bereits vor vierzig Jahren in Amerika entwickelt wurde. Der genchirurgische Eingriff beginnt damit, dass einem

Bakterium, zum Beispiel der Art Escherichia coli, ein sogenanntes Plasmid entnommen wird. Dies ist ein ringförmiges Stück Erbinformation, das zusätzlich zum einzigen Chromosom in der Bakterienzelle vorkommen kann. Aus dem isolierten Plasmidring wird ein Stück Erbinformation herausgeschnitten und durch ein Stück künstlich erzeugter Erbsubstanz, zum Beispiel das Insulin-Gen, ersetzt. Das Ganze hat Ähnlichkeit mit dem Schneiden, Neuarrangieren und Zusammenfügen von Filmszenen am Schneidetisch oder am Computer. Nur können derartige Operationen auf der Ebene der Gene, also im Bereich von tausendstel Mikrometer, nicht mit der Hand vorgenommen werden. Dazu benutzen die Genchirurgen biochemische „Scheren" und „Klammern": die aus Eiweiß bestehenden, natürlich vorkommenden Reparaturenzyme. Das operierte Plasmid wird anschließend, quasi als Trojanisches Pferd, in das Bakterium zurückgeschleust. Die Bakterien vermehren sich sehr schnell und mit ihnen ihre Nukleinsäuren und Eiweiße, die eigenen und die fremden. Auf diese Art und Weise kann heute im Prinzip jede Nukleinsäure und jedes Eiweiß, ob vom Menschen stammend oder gar nicht in der Natur vorkommend, in großen Mengen schnell und preiswert hergestellt werden.

Inzwischen wissen wir aus dem im Jahr 2006 erfolgreich abgeschlossenen internationalen Projekt über die „Entzifferung" des menschlichen Genoms (Human Genome Project), dass unser Erbgut sich aus etwa 3 Milliarden chemischen Einheiten, den Nukleotiden, zusammensetzt. Sie codieren etwa 25.000 menschliche Gene, die für die Bildung von etwa 200.000 verschiedenen Eiweißen zuständig sind, die wiederum den Aufbau anderer chemischer Bausteine des menschlichen Körpers steuern. „Jetzt können wir den Menschen definieren", erklärte bereits 1962 der amerikanische Molekularbiologe und Nobelpreisträger Joshua Lederberg in euphorischer Stimmung angesichts der erfolgreichen Entzifferung des genetischen Codes. Können wir ihn bald auch wie Goethes Wagner konstruieren? Dazu wird unser Wissen sicherlich nie ganz ausreichen. Ein Lebewesen ist eben mehr als die Summe seiner Nukleinsäuren und Eiweiße. Die bisherige Erfahrung „omne vivum ex vivo" („alles Leben entsteht aus dem Lebendigen") wird wohl auch in Zukunft ihre Gültigkeit behalten und ein Homunculus bzw. Frankenstein weiterhin Literatur bleiben! Außerdem sollte – und darin sind sich Wissenschaftler und Nichtwissenschaftler einig – das Ziel der Gentechnik nicht die Erzeugung künstlicher oder genetisch geschönter Menschen sein. Angestrebt wird die Gewinnung von allgemeinen Erkenntnissen über Inhalt und Weitergabe der Erbinformation bei Lebewesen sowie die verantwortungsvolle Nutzung dieser Ergebnisse zum Beispiel für die Sicherung der menschlichen Gesundheit, Ernährung und Energieversorgung. Und auf diesen Wegen zeichnen sich die ersten Erfolge ab.

Gentechnik macht's möglich

Die Gentechnik erschließt der Medizin neuartige Therapiekonzepte bei der Bekämpfung altbekannter Krankheiten: Verstärkter Einsatz körpereigener Wirkstoffe statt körperfremder Medikamente, das ist die erfolgversprechende Devise, und endlich heilen statt nur bekämpfen, die hoffnungsvolle Perspektive!
Viele Krankheiten sind auf einen angeborenen genetischen Defekt oder eine genetische Disposition zurückzuführen, was in letzter Konsequenz den Mangel an einem körpereigenen Wirkstoff zur Folge hat. Diesen Patienten kann inzwischen mit gentechnisch hergestellten „humanidentischen" Ersatzstoffen geholfen wer-

den: So steht zum Beispiel den Zuckerkranken Humaninsulin, den Minderwüchsigen menschliches Wachstumshormon, den Bluterkranken das fehlende Blutgerinnungseiweiß Faktor VIII und den Nierenkranken das überlebenswichtige Erythropoietin zur Verfügung.
Am Beispiel des Erythropoietins lässt sich zeigen, dass bei allen offensichtlichen Chancen auch die Gefahr des Missbrauchs gegeben ist: Das Erythropoietin wird zu 90 % in der Niere gebildet. Es ist zuständig für die Ausreifung der Sauerstoff transportierenden roten Blutkörperchen. Bei einer Schädigung der Niere geht die Erythropoietin-Bildung und damit die Bildung roter Blutkörperchen zurück. Es kommt zur Anämie (Blutarmut). Die Zufuhr von gentechnisch erzeugtem Erythropoietin lässt die Anzahl der roten Blutkörperchen wieder ansteigen. Dass auch Gesunde davon profitieren können, bewiesen einige erfolgshungrige Radsportler: Sie spritzten sich das Erythropoietin („Epo") als Doping-Mittel, um so über mehr rote Blutkörperchen zu schnelleren Beinen und zu mehr Siegen zu kommen. Ein ganzes Radsportteam wurde, nach Geständnissen seiner Fahrer, als „rollende Epo-theke" verspottet ...
Aber nicht nur steuernde Eiweiße des Menschen, auch therapeutisch wichtige Wirkstoffe fremder Organismen gehören zur Produktpalette der manipulierten Mikroben. Als besonders wertvoll erweist sich ein gentechnisch in größeren Mengen herstellbares Enzym aus dem Speichel einer südamerikanischen Vampir-Fledermaus. Es ermöglicht die rasche Auflösung von Thromben bei Herzinfarkt. Auch von Blutegeln, Schlangen und anderen furchterregenden Lebewesen borgt man sich, gentechnisch gesehen, „von jener Kraft, die stets das Böse will, und stets das Gute schafft."
Nicht vergessen werden darf zudem die große Bedeutung der Gentechnik für das Auffinden und Herstellen neuer Impfstoffe. Ohne sie gäbe es heute noch keinen

Schutz gegen das Hepatitis-B-Virus und die Papillomviren, die den Gebärmutterhalskrebs verursachen. Auch die Erreger der beiden gefährlichsten Infektionskrankheiten, die HI-Viren bei AIDS und die Plasmodien bei Malaria, Krankheitserreger, die sich bisher durch „Tarnen, Täuschen und Verstecken" erfolgreich einer Schutzimpfung widersetzen konnten, hofft man, bald mit den Mitteln der Gentechnik bekämpfen zu können.

Ohne Gentechnik läuft nichts mehr in der pharmazeutischen Chemie. Das erkannten auch die großen deutschen Chemiekonzerne. Sie wollten anknüpfen an die Zeiten, als sich Deutschland noch stolz „die Apotheke der Welt" nennen durfte, fühlten sich jedoch durch das ihrer Meinung nach sehr restriktiv ausgefallene deutsche Gentechnikgesetz ausgebremst. Als gute Chemiker erinnerten sie sich aber der Bedeutung des „Le Chatelier-Prinzips" („Prinzip des geringsten Zwanges"): Sie wichen dem „ausgeübten äußeren Zwang" aus, indem sie Life-Science-Tochterunternehmen gründeten, diese mit Unternehmen im weniger gentechnik-skeptischen Ausland, insbesondere in den fortschrittsgläubigen USA, „verbandelten" und sich auf diese Weise fit machten für die globalen gentechnischen Herausforderungen des neuen Jahrtausends. Besonders die BASF macht diesbezüglich von sich reden. Inzwischen zum weltgrößten Chemiekonzern aufgestiegen, will sie in Zusammenarbeit mit dem in der Agrogentechnik führenden US-Konzern Monsanto bald auch im Geschäft mit gentechnisch veränderten Nutzpflanzen eine Spitzenposition einnehmen.

Die vielen Diskussionen um Standorte und Gefahren gentechnischer Anlagen wären überflüssig, wenn es gelingen würde, die Produktionsstätten für fehlende Wirkstoffe in den Organismus zurückzuverlegen. Nicht mehr fremdgesteuerte Mikroben, sondern gen-

therapeutisch behandelte Zellen des eigenen Körpers könnten dann für den notwendigen Nachschub an Genprodukten sorgen. Um dieses Ziel zu erreichen, versucht man, das defekte Erbgut durch Hinzufügen intakter Gene zu korrigieren. Dazu werden dem Patienten Zellen mit krankem Erbgut entnommen, diese im Reagenzglas mit gesunden Genen ausgestattet, auf geglückten Einbau hin kontrolliert, in Zellkulturen vermehrt und in den Patienten zurücktransplantiert. Was sich mit Worten leicht formulieren lässt, ist aktuell in der Praxis nur schwer zu realisieren. Das große Problem ist das exakte Einschleusen der gesunden Gene in das kranke Erbgut. Noch gleicht die angewandte Methode einem Glücksspiel bzw. einem russischen Roulette: Die aktuell als Genfähren genutzten nicht pathogenen Viren lassen sich nicht genau genug „navigieren". Nur selten erreicht die Genfracht das gewünschte Ziel. Meist wird das Gen vom Virus dort abgeladen, wo es gar nicht gebraucht wird, mitunter aber auch inmitten eines intakten Gens, was zu dessen Zerstörung bzw. zur Entstehung von Krebs führen kann. Noch ist diese als somatische Gentherapie bezeichnete Methode den großen Erwartungen, die man in den 90er-Jahren an sie knüpfte, nicht gerecht geworden. Die forschende Medizin gibt aber die Hoffnung nicht auf, eines Tages doch in der Lage zu sein, Erbkrankheiten tatsächlich „an der Wurzel" behandeln zu können.
Die Wirkung der somatischen Gentherapie bleibt aber, da die gentechnischen Veränderungen an Körperzellen vorgenommen werden, auf die behandelte Person beschränkt. Sollen auch die Nachkommen vom Erbleiden befreit werden, muss die Gentherapie auf die Keimbahn, also die Keimzellen, auf Sperma- und Eizellen, abzielen. Ein solcher Eingriff am Menschen ist aber wegen der geschilderten methodischen Unsicherheiten und unter ethischen Aspekten in Deutschland verboten.

Zugriff auf die Keimbahn

Anders verhält es sich beim Eingriff in die Keimbahn von Pflanzen und Tieren. Diesbezüglich haben die Gentechniker bereits Fakten geschaffen, die unsere Zukunft mitbestimmen werden.

Das betrifft insbesondere die Erzeugung gentechnisch veränderter („transgener") Pflanzen. Die im Vergleich mit tierischen Zellen relativ großen Pflanzenzellen sind gentechnisch leicht veränderbar, schnell vegetativ vermehrbar und problemlos zu vollständigen Organismen regenerierbar. Ziel war und ist die Schaffung von Hochleistungsnutzpflanzen, die bei geringem Energieeinsatz große Mengen an energiereicher Biomasse erzeugen. Da von den pflanzlichen Nahrungsmitteln rund ein Drittel durch Befall mit Krankheitserregern, Schädlingen oder durch Unkräuter verloren geht, wurden die wichtigsten Kulturpflanzen gegen diese ertragsmindernden Bedrohungen mit zusätzlichen Genen ausgestattet: So vermag der Einbau eines Gens aus dem Bakterium Bacillus thuringiensis (Bt) den Pflanzen eine Schadinsektenresistenz zu verleihen, da das von ihm erzeugte Protein (Bt-Toxin) für Fraßschädlinge giftig ist. Durch das Verpflanzen dieses Gens kann man zum Beispiel Mais (Bt-Mais) gegen die Maiszünsler-Raupe sowie Reis, Baumwolle und Kartoffeln gegen andere weitverbreitete Schadinsekten schützen. Für den Menschen, für Vögel, Säugetiere und Nutzinsekten und auch für Würmer soll dieses natürliche Gift, wie Wissenschaftler betonen, völlig ungefährlich sein. Mikrobielle Bt-Präparate werden übrigens, äußerlich angewendet, bereits seit langem im ökologischen Landbau eingesetzt. Felder mit insektenresistenten Pflanzen müssen also nur selten oder gar nicht mehr mit Insektiziden gespritzt werden. Das erspart einen zusätzlichen Energieaufwand und schont die Umwelt. Andere Nutzpflanzen wie Raps, Soja und

78

Weizen, aber auch Mais und Baumwolle, wurden zudem zusätzlich mit einem Herbizidtoleranz-Gen ausgestattet. Es enthält die Information über ein Enzym von Bodenbakterien. Dieses Enzym kann zum Beispiel ein entsprechend „maßgeschneidertes" Herbizid so verändern, dass es transgenen Pflanzen nichts mehr anhaben kann, während die unerwünschte Konkurrenz daran zugrunde geht. Solche enzymspezifischen Herbizide sollen im Gegensatz zu den herkömmlichen Herbiziden biologisch leicht abbaubar sein, so dass sie sich weder im Boden noch in der Nahrungskette anreichern können.

Die Ausstattung der Pflanzen mit zusätzlichen Genen geht immer weiter. Sie dient insbesondere der Erschließung neuer landwirtschaftlicher Nutzflächen, indem sie die Pflanzen widerstandsfähig macht zum Beispiel gegenüber Trockenheit und dem Salzgehalt des Bodens. Gentechnisch veränderte Pflanzen (gv-Pflanzen) werden inzwischen bereits auf einem Zehntel der aktuell weltweit verfügbaren 1,5 Milliarden Hektar landwirtschaftlicher Nutzfläche ausgesät – mit steigender Tendenz: 2010 um 10 %! In den USA standen im Jahre 2006 bei Soja und Baumwolle nur noch gv-Sorten auf den Feldern. Was die gv-Baumwolle anbetrifft, erzielten China und Indien die größten Zuwachsraten, bei gv-Soja und gv-Mais legten die südamerikanischen Länder kräftig zu.

Und Europa? Gentechnisch veränderte Pflanzen müssen hier vor ihrem kommerziellen Anbau umfangreiche Sicherheitsprüfungen im Labor und später auf den Versuchsfeldern bestehen. Damit soll gewährleistet werden, dass nur solche Pflanzen zum Anbau und in den Handel kommen, die für die Umwelt und die menschliche Ernährung keine Risiken mit sich bringen. Anders als bei herkömmlichen Techniken muss bedacht werden, dass das, was an gentechnischen Neuentwicklungen einmal in die Natur entlassen wurde, bei nachträglich festgestellter Umweltunverträglichkeit von keiner Gen-Firma mehr in ihre „Gen-Werkstatt" zurückgerufen werden kann. Die sehr strenge EU-Freisetzungsrichtlinie, die mitunter überzogen kritische Haltung der Umweltverbände aber insbesondere auch die immer noch gute Versorgung mit preiswerten landwirtschaftlichen Produkten machen Europa zu einer nahezu gv-Pflanzen freien Zone. Das bekam auch Rumänien zu spüren, das mit seinem Eintritt in die EU im Jahr 2007 seine auf gv-Pflanzen basierende Soja-Produktion einstellen musste.

Dieses Insel-Dasein wird aber sicherlich auf die Dauer keinen Bestand haben. Infolge des zunehmenden Fleischkonsums wird zum Beispiel die Nachfrage nach kostengünstig produziertem Tierfutter aus Getreide und Soja steigen. Mindestens fünf Kilogramm davon werden benötigt, um ein Kilogramm Fleisch zu erzeugen. Rinder- und Schweinemägen machen aus dem mit dem gv-„Makel" versehenen Pflanzenmaterial „makelloses" schmackhaftes Steakfleisch. In diesem Zusammenhang sind zwei Zeitungsmeldungen interessant: Rumänien bittet die EU darum, wieder gv-Soja für seine Viehzucht anbauen zu dürfen, um sich die teuren Importe von gv-Soja aus Brasilien sparen zu können … Und in Deutschland darf Greenpeace die Milch von mit Bt-Mais gefütterten Kühen weiterhin „Gen-Milch" nennen, obwohl tierische Produkte wie Fleisch, Milch und Eier, deren Erzeuger mit gv-Pflanzen gefüttert wurden, erwiesenermaßen „neu-gen-frei" und damit nicht kennzeichnungspflichtig sind. Das entschied ein Oberlandesgericht im Sinne der grundgesetzlich geschützten Meinungsfreiheit gegen die Klage eines großen deutschen Milchkonzerns. Übrigens – im Jahre 2011 meldete eine große deutsche WochenZEITung, dass „nach Expertenschätzungen 50 bis 80% der Artikel in Supermärkten bei ihrer Herstellung mit Gentechnik in Berührung gekommen" sind, allerdings ohne Spuren zu hinterlassen bzw. die Kennzeichnungspflicht zu verletzen.

Die Nachfrage nach preiswerten gv-Pflanzenprodukten wird auch deshalb ansteigen, weil dem nahrungshungrigen Menschen im sprithungrigen Auto, dem der fossile Nachschub zu versiegen droht, eine ernstzunehmende Konkurrenz erwachsen ist. „Verspritten" oder verspeisen, in den Tank oder auf den Teller, das sind die Alternativen, über die aktuell heftig gestritten wird. Während Politiker der Europäischen Union auf Biosprit (E10) setzen, beweisen deutsche Wissenschaftler, dass dessen Produktion „Unsinn" ist. Es wird auf die schlechte Energie- und Kohlenstoffdioxid-Bilanz hingewiesen und auf eine Verschärfung des Problems des Hungers in der Welt. Sie plädieren deshalb für eine „Food-First-Politik" bzw. eine „Bio-Energiewende". Ein „Food for fuel" dürfe es nicht geben. Dazu passt eine Zeitungsmeldung aus Venezuela: „Los alimentos son para hombres, no para autos!" mahnen dort riesige Plakate. Diese Plakat-Aktion sei aber nicht von einer hungrigen Bevölkerung initiiert worden, sondern von der venezolanischen Erdölindustrie, der der in Brasilien produzierte Biosprit aus Zuckerrohr und gv-Mais ein Dorn im Auge ist ...

Eine Verbesserung der Akzeptanz von gv-Pflanzenprodukten erhofft sich die Agrogentechnik zudem vom globalen Tourismus: Er kann die Skeptiker belehren, dass man in außereuropäischen Ländern trotz gv-Pflanzen auf den Feldern und Gen-Food in den Regalen keine „gesundheitsschädliche Kost aus Frankensteins Küche" serviert bekommt, wie manche Umweltaktivisten behaupten. Ganz im Gegenteil: Inzwischen wurden gv-Reissorten entwickelt mit besonders vielen Vitaminen und sogar einem Schutz vor Cholera sowie gv-Rapssorten, deren Öl besonders reich ist an Omega-3-Fettsäuren. Jedenfalls, so betonen die Genforscher selbstbewusst, ist seit 1995, als die ersten gv-Nahrungsmittel zugelassen wurden, noch kein Fall von Gesundheitsschädigung nachgewiesen worden.

Was die Ertragssteigerung bei der Nutztierhaltung anbetrifft, scheint man bereits mit Hilfe der klassischen Züchtungsmethoden an ihre Grenzen gelangt zu sein. Nur Science-fiction-Freaks träumen von „photo-genen" grünen Kühen, die dank eingepflanzter Photosynthese-Gene ihr „Futter" selbst produzieren ...

Dennoch, es gibt sie, die gentechnisch veränderten, die transgenen Tiere. Sie werden heute für zweierlei Zwecke erzeugt: Man setzt sie ein für die kostengünstige Produktion von therapeutisch wirksamen Eiweißen („Gene-Pharming") sowie als Modelle zum Darstellen und Studieren von Krankheiten.

Beim sog. Gene-Pharming wird das Erbgut von Säugetieren so verändert, dass diese therapeutisch wichtige Stoffe herstellen und über die Milch ausscheiden. Ein Beispiel dafür ist das Medikament ATryn, ein Protein mit gerinnungshemmender Wirkung. Es wird aus der Milch transgener Ziegen gewonnen.

Bereits seit langem im Praxiseinsatz und für die Pharmaindustrie unverzichtbar geworden sind transgene Mäuse und Ratten, die als Modelle zum Studium von Krankheiten dienen. Das älteste transgene Krankheitsmodell ist die mit einem Krebsgen ausgestattete Krebs-Maus. Inzwischen gibt es auch die Alzheimer-Maus mit der Anlage zur Bildung von Beta-Amyloid-Ablagerungen, die Bluthochdruck-Ratte usw. . Heute werden weltweit für fast alle menschlichen Erkrankungen sehr unterschiedliche Tiermodelle entwickelt, solche mit eingebauten krankmachenden Genen und andere, bei denen man gezielt „gesunde" Gene ausschaltet, sog. „Knock-out-Tiermodelle". Von den Ergebnissen der

Versuche mit diesen Tieren erhofft man sich Hinweise auf neue Therapieansätze und Heilungschancen. Die Entwicklung des „Know-how" über das „Knock-out" wurde übrigens im Jahre 2007 mit dem Medizin-Nobelpreis honoriert.

Vom Verändern zum Vermehren

Mit dem gezielten Eingriff in die Keimbahn von Säugetieren hat die Gentechnik eine neue Dimension erlangt. Deshalb soll an dieser Stelle daran erinnert werden, dass auch der Mensch ein Säugetier ist und dass das, was bei Tieren gelingt, auch beim Menschen möglich ist. Den Beweis dafür liefern die gerade in den letzten Jahren entwickelten sogenannten Reproduktionstechniken: die künstliche Befruchtung außerhalb des Mutterleibs, die sogenannte In-vitro-Fertilisation, der das erste „Retortenbaby" Louise Brown sein Leben verdankt, der Embryotransfer bei Baby Cotton, der die öffentliche Diskussion um die Ammenmutterschaft auslöste, sowie das Klonen eines Lebewesens, das das Schaf Dolly berühmt machte. Durch Klonen lassen sich erbgleiche Lebewesen erzeugen. Beim Klonen nach dem „Dolly-Verfahren" wird einer jungfräulichen Eizelle nach Entfernen des eigenen Zellkerns der Kern einer Körperzelle des zu klonenden Lebewesens eingesetzt. Nach erfolgreichem Transfer der sich teilenden Eizelle in ein Ammentier wächst der sich entwickelnde Embryo zu einem dem Kernspender erbgleichen Klontier heran.
Alle diese Techniken wurden zwar zuerst an Tieren und für Tiere entwickelt, aber anschließend dann, bis auf das tabuisierte Klonen, auch am Menschen praktiziert. Wer das Gruseln lernen möchte, lese veterinärmedizinische Abhandlungen über die Manipulationen an Keim-

zellen und Embryonen und ersetze das Wort „Tier"
durch das Wort „Mensch".

Die Reproduktionstechniken haben im Grunde nichts
mit der Gentechnik zu tun, ihre Beherrschung aber ist
Voraussetzung für die schnelle Weitergabe und Vermehrung des veränderten Erbguts. Das ist zum Beispiel der Fall, wenn man beim „Gene-Pharming" aus
dem transgenen Tier nach dem „Dolly-Verfahren" eine
ganze Herde aufbauen will oder, auf den Menschen
bezogen, wenn man die Vision von Aldous Huxleys
„Schöne neue Welt" nachvollziehen möchte: „Wir prä-
destinieren und normen auch. Wir entkorken unsere
Kleinlinge als vergesellschaftete Menschen, als Alphas
oder Epsilons, als künftige Kanalreiniger oder ... Brut-
direktoren."

Geklont wird jedoch nicht nur reproduktiv, das heißt,
zur Erzeugung und Vermehrung von Lebewesen, sondern auch therapeutisch, hier, zur Erzeugung und Vermehrung von sogenannten Stammzellen. Sie können
ein junges gesundes Gewebe liefern, das die Fähigkeit
besitzt, ein altes krankes Gewebe zu ersetzen. Zur
Herstellung dieses Gewebes genügt es, den nach dem
„Dolly-Verfahren" erzeugten Embryo bis zur Blasto-
zyste (Keimbläschen-Stadium) heranreifen zu lassen,
die Stammzellen zu entnehmen und auf den Verwen-
dungszweck hin weiter zu kultivieren. Damit das ge-
züchtete Stammzellengewebe nach der Transplantation
nicht abgestoßen wird, muss zum Klonen ein patien-
teneigener Zellkern, zum Beispiel aus einer Hautzelle,
benutzt werden. Entsprechende Therapieversuche mit
geklonten Stammzellen bei Mäusen und anderen Säugetieren waren bisher sehr erfolgreich. Deshalb verbinden die Wissenschaftler mit dem therapeutischen Klonen große Hoffnungen im Kampf gegen Krankheiten
wie zum Beispiel Alzheimer, Parkinson, Herzinfarkt,
Osteoporose und Diabetes, gegen jene Krankheiten

also, die insbesondere ältere Menschen treffen – und die Anzahl der alten Menschen in unserer Gesellschaft nimmt immer mehr zu ...

Das therapeutische Klonen scheint den Traum vom „Jungbrunnen" wahr werden zu lassen. Allerdings nicht hier in Deutschland, denn bei uns ist das therapeutische Klonen und auch die damit verbundene Forschung verboten. Dazu muss man sich in Erinnerung rufen, dass die beschriebene Gewinnung der embryonalen Stammzellen mit der Zerstörung eines Embryos verbunden ist. Da der menschliche Embryo aber nach deutscher Rechtsprechung bereits mit seiner Bildung Menschenwürde erwirbt, ist das Zerstören eines Embryos gleichbedeutend mit dem Töten und damit strafbar. Die mit dem therapeutischen Klonen befassten deutschen Wissenschaftler appellieren deshalb an den Gesetzgeber, nur den zur Nidation (Einnistung) kommenden Embryonen, zum Beispiel nach In-vitro-Fertilisation und erfolgreichem Blastocysten-Transfer, die volle Würde zuzusprechen und die vielen überschüssigen, nicht zum Transfer kommenden Blastocysten unter strengen Auflagen für die Forschung freizugeben. Embryonen im Blastocysten-Stadium seien keine lebenden Menschen, an Atemnot leidende herzkranke Patienten sehr wohl. Außerdem würde so auch der Widerspruch beseitigt werden, der von vielen Wissenschaftlern darin gesehen wird, dass die Würde einer Blastocyste im Reagenzglas derzeit besser geschützt ist als im Mutterleib, wenn man an die abtreibend wirkenden Nidationshemmer wie Spirale und „Pille danach" denkt – ganz abgesehen von der aktuellen Abtreibungspraxis selbst, die manche Abtreibungsgegner als „Babycaust" brandmarken ...

Töten um zu heilen? Es gäbe noch eine Alternative: das therapeutische Klonen mit somatischen, sogenannten adulten Stammzellen. Derartige Stammzellen sind in allen Gewebetypen enthalten und sorgen bei Verschleiß von Zellen für einen gewebetypischen Ersatz. So erneuern die Knochenmark-Stammzellen im Tagesrhythmus unsere Blutzellen und die Haut- und Gebärmutterschleimhaut-Stammzellen im Monatsrhythmus unsere Körperhaut bzw. die Gebärmutterschleimhaut. Die Vorteile des Arbeitens mit adulten Stammzellen liegen darin, dass die umstrittene Zerstörung junger Embryonen vermieden wird und dass keine Abstoßungsreaktion zu befürchten ist, da die Zellen vom Patienten selber stammen. Aber es gibt auch gravierende Nachteile: Adulte Stammzellen sind schwer zu isolieren und zu kultivieren. Zudem ist es fraglich, ob sie sich auf einfache Weise zu zellulären Alleskönnern, ähnlich den embryonalen Stammzellen, reprogrammieren lassen und sich nicht möglicherweise zu Krebszellen umbilden. Sehr erfolgreich erscheinen Versuche, Hautzellen mit nur in der Embryonalzeit aktiven Genen aufzurüsten und ihnen so Jungbrunnen-Potenzial zu verleihen. Damit wird die Hoffnung genährt, eines Tages aus dem „Ersatzteillager Haut" nach Belieben zum Beispiel Herzmuskel-, Nerven- oder Drüsengewebe herstellen zu können.

Keine Zukunft ohne Gentechnik

Keine Technik hat im Menschen bisher so große Hoffnungen aber auch schlimme Befürchtungen geweckt wie die Gentechnik. Es ist sicherlich richtig, dass die Gentechnik als Arbeitsinstrument in der biologischen, medizinischen und pharmazeutischen Forschung heute unverzichtbar geworden ist. Der Kampf gegen so schreckliche Krankheiten wie Krebs und AIDS, die Gesundheitsfürsorge in einer überalterten Gesellschaft, die Sicherung unserer Ernährung bei rapide wachsender Weltbevölkerung sowie auch der steigende Energiebedarf und die zunehmende Umweltverschmutzung, alle diese Probleme lassen sich nach Meinung der Experten nur mit Hilfe der Gentechnik meistern. Deshalb ist auch dem ehemaligen Leiter des Heidelberger Krebsforschungszentrums und Nobelpreisträger, Professor zur Hausen, zuzustimmen, wenn er warnt, „vor lauter Risiken nicht mehr den Nutzen zu sehen". Eine Technik ohne Risiko gibt es nicht. Viele Menschen sterben bei Unfällen mit Autos, aber Autos erschließen dem Menschen neue Lebensqualitäten, so dass die meisten Menschen auf die Nutzung des Autos nicht mehr verzichten möchten. Verzichten oder Nichtverzichten, das ist hier die Frage und das Problem. Genauso, wie es unethisch sein kann zu handeln, kann es unethisch sein, nicht zu handeln! Beides ist mit einem Risiko behaftet. Wir müssen lernen mit Risiken zu leben. Sie sind nun einmal integraler Bestandteil allen menschlichen Handelns.

Wieder ist unser Bewusstsein gefordert. Es muss uns helfen, das Notwendige und Richtige zu tun und das Falsche zu unterlassen. Es gilt, die Forschung zu fördern, um nachhaltig mehr Freude am Menschsein möglich zu machen, und unserem „faustischen" Wissensdrang dort Grenzen zu setzen, wo seine Auswirkungen auf den Menschen und seine Umwelt nachweislich schädlich oder nicht mehr kalkulierbar sind. Nur so können wir hoffen, dass wir uns nicht eines Tages in der Rolle von Goethes Zauberlehrling wiederfinden: „Herr, die Not ist groß! Die ich rief, die Geister, werd' ich nun nicht los".

Kapitel 6

Naturwissenschaft oder Glaube?

Die Gretchenfrage neu gestellt

Dem ehrwürdigen, aber mit Mephistos Hilfe verjüngten Wissenschaftler Faust gelingt es, das Herz des jungen, naiven Gretchens zu erobern. Nachdem sich Gretchen mit der Blütenblätter-Zupfmethode vergewissert hat: „... er liebt mich!", möchte sie auch noch wissen, ob Faust ihre Vorstellungen von einem gottbefohlenen gemeinsamen Leben teilt – oder, wie Mephisto später spottet: „... ob einer fromm und schlicht nach altem Brauch. Sie denken, duckt er da, folgt er uns eben auch." So fragt sie ihn: „Wie hast du's mit der Religion?", und als Faust ausweicht, fragt sie nach: „Glaubst du an Gott?". Faust, mit schlechtem Gewissen und eigentlich nur darauf bedacht, Gretchen möglichst schnell verführen zu können, versucht ihr verständlich zu machen, dass man auch ohne Kirche und Katechismus ein tugendhaftes Leben führen kann. Vergeblich! „... du hast kein Christentum!" stellt sie enttäuscht fest. Aber dann schläft sie doch mit ihm. Ein verhängnisvoller Fehler, wie wir wissen: Nachdem Faust Gretchen sitzen lässt, bringt sie aus lauter Verzweiflung ihr neugeborenes Kind um und endet schließlich, geistig verwirrt, im Kerker.

In Goethes Faust treffen zwei unterschiedliche Vorstellungen vom Leben aufeinander: die von Gretchen, dessen Denken, Fühlen und Handeln sich an der christlichen Religion orientiert, und die des aufgeklärten Gelehrten Faust, der um „Glück! Herz! Liebe! Gott!" weiß und keine Kirche und keinen Pfarrer braucht, um diese wunderbaren „Gefühle" vermittelt zu bekommen und erleben zu dürfen.

Was bei Goethe Literatur ist, erleben wir aktuell hautnah vor der Haustür beziehungsweise dem Fernsehgerät, nur dass die Akteure und „Tatorte" andere sind. Man kann den Eindruck gewinnen, dass auch heute zwei sich durch ihre religiösen Anschauungen unterscheidende Welten aufeinander treffen: Hier die säkularisierte Kultur Europas, die sich die Freiheit gegeben hat, nicht glauben zu müssen unter Inkaufnahme des Verlustes von Werten und der Förderung atheistischer Tendenzen und dort die Kultur des strenggläubigen Islam, in der die Religion auch staatstragende Funktionen übernommen hat und so von Fanatikern leicht politisch instrumentalisiert werden kann.

Die Fragen nach Religion und Gott, vom treuherzigen Gretchen naiv gestellt, bewegen also auch heute noch Geist und Gemüt und verlangen, gerade auch wegen ihrer aktuellen politischen und gesellschaftlichen Brisanz, nach wissenschaftlich begründbaren Antworten. Und – die Naturwissenschaften sind bereit, sie zu geben!

Angesichts der heute vorliegenden wissenschaftlichen Ergebnisse über die Erkenntnisfähigkeit des Menschen würde kein ernstzunehmender Naturwissenschaftler auf die Frage „Glauben Sie an Gott?" antworten: „Natürlich nicht, ich bin doch Naturwissenschaftler!", wie dies der Biologe und Nobelpreisträger von 1960, Peter Medawar, tat und der in Oxford lehrende Biologe Richard Dawkins in seinem provozierenden Buch „Der Gotteswahn" heute noch tut. Müssen Naturwissenschaftler ungläubig sein, um als Wissenschaftler glaubwürdig zu erscheinen? Können Naturwissenschaftler die Existenz Gottes negieren, „wegbeweisen"? Die Aussagen von Medawar und Dawkins lassen dies vermuten ...

Was können die Naturwissenschaften tatsächlich leisten? Offensichtlich eine ganze Menge! Denken wir insbesondere an die Eroberung des Weltraums, die Manipulation der Fortpflanzung, die Gewinnung von Energie aus Masse nach dem Beispiel der Sonnen, die Erschaffung künstlicher Sklaven in Form von Robotern und Computern sowie – wenn auch nur in Ansätzen – die Erklärung der Entstehung der Welt und der Lebewesen. Für die naturwissenschaftliche Forschung scheint es keine unlösbaren Probleme und für das Wirken eines Gottes keine Notwendigkeit zu geben. Diese Einsicht könnte es einem Christen tatsächlich schwer machen, an die Existenz eines in dieser Welt tätigen Gottes zu glauben. Das jedenfalls lassen auch die Ergebnisse von Umfragen vermuten, nach denen die naturwissenschaftlichen Erkenntnisse als ein besonders großes Hindernis für den Glauben empfunden werden. Aber – und das ist das überraschend Neue – die Naturwissenschaften führen uns heute auch zu der Erkenntnis, dass das durch die Naturwissenschaften gewonnene Bild der Welt nicht die objektive Wirklichkeit der Welt wiedergibt, sondern nur ein ganz primitives Abbild, dass wir eben doch nicht in der Lage sind, die Welt zu erkennen, wie sie in Wirklichkeit ist. Insbesondere die neueren Erkenntnisse der Biologie, aber auch der Physik, zeigen uns, dass im Grunde das gilt, was schon Plato vor etwa 2400 Jahren mit seinem Höhlengleichnis zum Ausdruck bringen wollte: Mit dem Rücken zum Höhlenausgang sitzend, sieht der Mensch nur das, was von außen an die Höhlenwand projiziert wird; er sieht nur die „Schatten" der Wirklichkeit, die Wirklichkeit selbst bleibt ihm verschlossen.

Wenn das so ist, dann ergeben sich allerdings zwei Fragen: Erstens, wie erklärt es sich, dass unsere Interpretation der Welt so gut mit den Gesetzmäßigkeiten jener angeblich von uns nicht erkennbaren Welt übereinstimmt? Wieso sind wir zum Beispiel in der Lage, zu einem bestimmten Zeitpunkt auf einem bestimmten Planquadrat des Mondes zu landen? Und zweitens, woher haben wir die Gewissheit, dass die Welt nicht so ist, wie wir sie erleben? Gibt es möglicherweise doch eine allwissende und allmächtige göttliche Institution, die das Weltgeschehen nach ihren für uns nicht ergründbaren Plänen dirigiert? Und – hilft nur glauben und beten, um dieser gottgewollten Wirklichkeit näher zu kommen?

Seit Darwin wissen wir, dass der Mensch und alle auf der Erde lebenden Tiere und Pflanzen nicht von Anbeginn existiert haben. Sie sind Produkte der biologischen Stammesentwicklung, der Evolution. „Darwins Evolutionstheorie darf heute als geradezu physikalisch – nicht nur auf der Ebene der lebendigen Zelle, sondern der Moleküle – begründet und experimentell nachgeprüft angesehen werden." Das könnte ein Biologe gesagt haben. Es sind aber die Worte des Theologen Hans Küng. Darwins Evolutionstheorie besagt im Prinzip Folgendes: Das Individuum, das seinen Umweltbedingungen besser angepasst ist, verdrängt das etwas weniger gut angepasste Individuum. Die Voraussetzungen für die Anpassungsprozesse liefert das Erbgut: Es ändert sich in natürlicher Weise, indem es sogenannte Mutationen zulässt. Diese Mutationen sind verantwortlich für die große Variabilität der Eigenschaften der einzelnen Lebewesen. Damit repräsentieren die Mutationen sozusagen die „Phantasie der Natur", an denen die Umwelt als „Vernunft der Natur", selektierend und die Anpassung optimierend, angreifen kann. Was hat nun Darwins Evolutionstheorie mit der Erkenntnisfähigkeit des Menschen zu tun? Für die tierischen Lebewesen war es in dem geschilderten Verdrängungswettbewerb von Vorteil, Organe zu besitzen, die Informationen über die Umwelt sammelten und damit ein zweckmäßiges Verhalten gegenüber der Umwelt ermöglichten. Es hatten also stets jene Lebewesen bessere Überlebenschancen, die sich ein jeweils „richtigeres" Bild von der Welt machen konnten. Der Verhaltensforscher Konrad Lorenz erklärt, die Lebewesen erschaffen sich „Weltbild-Apparate". Auch der Geist des Menschen – seine Erkenntnisfähigkeit – gehört dazu. Er ist somit ein Produkt der Evolution. Was das Weltbild zum Beispiel einer Zecke an Erkenntnissen beinhaltet, wissen wir nicht. Welches „Bild" die Zecke von einem Säugetier, zum Beispiel vom Menschen, hat, können wir jedoch vermuten. Der Zoologe von Uexküll beschreibt das so: Für die Zecke ist ein Säugetier etwas Warmes mit einem schweißigen Geruch. Die Zecke ist auf das Blut des Säugetiers angewiesen. Es ist für sie und ihre Nachkommenschaft lebenswichtig. Allein die genannten Eigenschaften des Säugers genügen der Zecke, ein Säugetier als solches zu erkennen und zu „nutzen". Das Bild, das die Zecke vom Säugetier hat, ist nicht falsch, es ist aber sehr kümmerlich! Die Hauptsache ist, es garantiert den Überlebenserfolg.

Erkennen, um zu überleben

Wie gelangt nun aber ein Lebewesen wie die Zecke zu der zum Überleben wichtigen Erkenntnis? Die Zecke erkennt den Säuger bereits – und das ist entscheidend – wenn sie ihm zum ersten Mal begegnet. Nicht das Individuum lernte das Säugetier erkennen, sondern die Zeckenart im Verlaufe ihrer durch viele Mutationen und Selektionsprozesse geprägten Evolution. Sie speicherte diese Informationen als angeborene Form der Erkenntnis im Erbgut. Die Erkenntnis ist somit a posteriori (im Nachhinein, aus der Erfahrung heraus) in die Zeckenwelt gelangt und a priori (von vornherein, vor jeder Erfahrung) im Zeckenindividuum vorhanden.

Ähnlich verhält es sich mit den Erkenntnisstrukturen des Menschen. Unser Gehirn hat sich im Laufe der Evolution entwickelt zur Verbesserung unserer Überlebenschancen. Es steht nicht im Dienste einer objektiven Welterkenntnis. Biologisches Wohlbefinden wird garantiert, nicht Wahrheitsfindung, sagen die Biologen. So entlarvte der im achtzehnten Jahrhundert lebende Philosoph Kant zwar unsere Erkenntnisstrukturen – die Kategorien Raum, Zeit, Kausalität und Substanzialität – als dem Menschen a priori gegebene also angeborene „Vorurteile“ des Denkens. Woher wir diese angeborenen Denknotwendigkeiten haben, die unser Erkennen bestimmen, wusste er damals allerdings nicht zu sagen. Heute wissen wir es: Sie sind a posteriori als Erfahrung der Art (nicht des Individuums) entstanden und im Erbgut, dem „Gedächtnis“ der Art, als Instrumente zum Überleben an das Individuum weitergegeben worden. Der Physiker und Philosoph Gerhard Vollmer drückt das so aus: „Der menschliche Geist ist bei Geburt keine strukturlose tabula rasa. Gewisse Erkenntnisstrukturen sind angeboren und insofern a priori … ; sie sind aber phylogenetisch erworben und somit letztlich a posteriori.“
Kant hatte deshalb also Unrecht, als er meinte, wir hätten keinerlei Chance, über die objektive Natur der Dinge irgend etwas zu erfahren, weil unser Denken durch die angeborenen Erkenntnisstrukturen fremdbestimmt würde. Das trifft in dieser Grundsätzlichkeit nicht zu, denn unser Weltbild-Apparat musste sich im Verlauf der Evolution immer wieder dem Test an der Realität stellen. Er hat sich offensichtlich bewährt, sonst wäre er wohl von der auslesenden Umwelt verworfen worden. Diese Auffassung vertritt auch Gerhard Vollmer: „Unser Erkenntnisapparat ist ein Ergebnis der Evolution. Die subjektiven Erkenntnisstrukturen passen auf die Welt, weil sie sich im Laufe der Evolution in Anpas-

sung an diese reale Welt herausgebildet haben. Und sie stimmen mit den realen Strukturen (teilweise) überein, weil nur eine solche Übereinstimmung das Überleben ermöglichte." Oder, um es mit den Worten des Biologen Simpson grob aber bildhaft auszudrücken: „Der Affe, der keine realistische Wahrnehmung von dem Ast hatte, nach dem er sprang, war bald ein toter Affe – und gehört nicht zu unseren Urahnen!"

Der Passungscharakter der menschlichen Erkenntnis wäre damit erklärt. Aber wie genau und wie umfassend ist das vom Menschen gewonnene Bild von der Welt? Diese Frage muss noch beantwortet werden.

Unser Weltbild-Apparat wurde in einer mittleren Dimension, auf der Erde, entwickelt, nicht in der Auseinandersetzung mit Atomen und Milchstraßensystemen. Deshalb versagt unsere Anschauung im mikro- und makrophysikalischen Bereich: Die von Einstein formulierte Relativitätstheorie entkleidet die Kategorien Raum und Zeit der uns vertrauten irdischen Vorstellungen, und die von Heisenberg gefundene Unschärferelation führt uns das Versagen des Kausalitätsprinzips in der Mikrophysik vor Augen. Auch für die Tatsache, dass Materie und Energie im Prinzip das Gleiche sind, fehlt uns das Vorstellungsvermögen, obwohl seit den Kernbombenexplosionen über Hiroshima und Nagasaki niemand mehr daran zweifelt.

Im Mikro- und Makrokosmos erweisen sich also unsere angeborenen Erkenntnisstrukturen als untauglich für die Veranschaulichung der hier gefundenen mathematischen Gesetzmäßigkeiten. „Ob wir entfernte Sterne oder Elementarteilchen studieren – auf diesen Gebieten endet die Kompetenz unserer Sprache, die Kompetenz unserer konventionellen Kategorien. Mathematik ist die einzige Sprache, die uns verbleibt", sagt der Physiker Heisenberg.

Wie die Religion in die Welt kam

Aus all dem folgt: Die Welt, wie sie sich unserem Bewusstsein präsentiert, bleibt unserem Verständnis zum größten Teil verschlossen, weil unsere Erkenntnisstrukturen unvollkommen und unzureichend sind. Von der Amöbe bis zu Einstein sei nur ein Schritt, meint der Philosoph Sir Karl Popper. Man kann Popper, wie auch Vollmer, zu den Vertretern eines kritischen hypothetischen Realismus zählen. Sie gehen von einer objektiven Realität der Welt aus, über die wir Menschen nur Hypothesen aufstellen können, weil unsere Erkenntnisfähigkeit, evolutionär bedingt, eingeschränkt ist. Solcherart aufgestellte Hypothesen bedürfen allerdings stets der kritischen Prüfung, wobei bedacht werden sollte, dass das Prüfen immer nur ein Falsifizieren, ein Beweisen, dass etwas falsch ist, sein kann, wie Popper betont. Ein Verifizieren, ein Beweisen der Wahrheit, sei dem Menschen aus den dargelegten Gründen gar nicht möglich! Für die eingangs gestellte Frage nach dem Beweis der Existenz bzw. Nichtexistenz eines Gottes bedeutet dies, dass es weder einen Gottesbeweis noch einen „Gottesverweis" geben kann: Die Existenz eines Gottes lässt sich durch die Naturwissenschaften und auch durch die Philosophie nicht falsifizieren, nicht „wegbeweisen". Aber die Tatsache des Fehlens eines Gottesbeweises besagt nicht, dass es Gott nicht gibt. „Unser Wissen hat Grenzen," sagt Albert Schweitzer, „unser Glauben nicht!" Es ist allein der Glaube, der den Menschen von der Existenz Gottes zu überzeugen vermag. Streng genommen müssen aufgrund des Gesagten auch Atheisten wie zum Beispiel Marx, Nietzsche und Dawkins, die vorgeben, sich sicher zu sein, dass Gott nicht existiert, als Gläubige bezeichnet werden. Dazu passt der Sponti-Spruch: „Man glaubt nicht, wie viel man glauben muss, um ungläubig zu sein!"

Auch zum Unglauben gehört Glauben.

Tatsächlich sind, wie Anthropologen nachgewiesen haben, Spiritualität und Religiosität typische Merkmale des Menschen: Überall dort, wo sich unsere frühen Vorfahren mit der Herstellung von Werkzeugen beschäftigten – dem wichtigsten Indikator für das Menschsein (siehe Kapitel 1) – wurden auch Hinweise auf religiöse Verhaltensweisen gefunden. Daraus lässt sich schließen, dass die Religiosität mit der Entstehung des menschlichen Bewusstseins in die Welt kam und genauso zum Menschen gehört wie zum Beispiel die Werkzeugherstellung und der aufrechte Gang. Nun ist noch zu klären, welche Beziehung zwischen dem Bewusstsein und der Religiosität besteht.

Die Erkenntnisse über den Verlauf der Evolution und die Aussagen des kritischen hypothetischen Realismus sind Produkte unseres Bewusstseins und sie belehren uns, dass es eine Realität jenseits unserer Erkenntnisfähigkeit, jenseits unserer Vorstellungskraft gibt: den Raum, jenseits des wahrnehmbar Räumlichen, die Zeit, jenseits des messbar Zeitlichen, ein Megagesetz jenseits der vom Menschen erkennbaren Naturgesetze, eine Allmacht jenseits des vom Menschen Machbaren, einen „Metasinn" jenseits des vom Menschen als sinnvoll Erachteten und – möglicherweise – ein ewiges Leben jenseits des aktuell Erlebbaren und des ängstlich erwarteten eigenen Todes. Es ist zu vermuten, dass diese vom Menschen erahnte jenseitige Realität das Glück verheißende, erstrebte Jenseits ist, von dem die Religionen sprechen und ihre religiösen Vorbilder Jesus und Mohammed, Buddha und Konfuzius predigten: Gemeint ist das Paradies der Christen und Muslime, das Nirwana der Buddhisten, die „himmlische Weisheit" bei den Konfuzianern und die „reine Seele" bei den Hindus. Dass die angesprochenen großen Religionen im Prinzip nur Spielarten der einen menschlichen Religiosität sind, zeigt das Vorhandensein jener vier für die Religionsausübung typischen Merkmale bei allen diesen Religionen: Da gibt es erstens die Mystik, die die Art und Weise beschreibt, wie sich der Gläubige zum Beispiel durch Gebet und Meditation Gott nähern kann; zweitens die Ethik, die Verhaltensregeln vorgibt für ein gottgefälliges Zusammenleben der Menschen; drittens sind es die Mythen, die der Welterklärung, der Legitimationsfindung und der Verherrlichung des als göttlich Empfundenen dienen sowie viertens die Rituale, die als symbolische Handlungen in Form von Diensten, Festen und „Events" einigend und reinigend wirken sollen.

Biologisch betrachtet, darf die Religiosität zudem als eine für den Menschen vorteilhafte Eigenschaft bezeichnet werden. Hätte sie keine Vorteile, wäre sie sicherlich bereits der Selektion zum Opfer gefallen. Dass sie tatsächlich vorteilhaft ist für den einzelnen Menschen und die menschliche Gemeinschaft, wird auch von Psychologen und Soziologen bestätigt: Sie stellen fest, dass Drogenkonsum, Alkoholismus, Depressionen, Scheidungen und Selbstmord bei gläubigen Menschen seltener vorkommen und dass das Selbstwertgefühl und das solidarische Handeln bei Gläubigen stärker ausgeprägt ist. Hinzu kommt, dass gläubige Menschen mit Schicksalsschlägen besser zurecht kommen: Sie beherzigen die Lebensweisheiten: „Das Leben wird zwar rückwärts verstanden, aber vorwärts gelebt.", und „Wenn Dir das Leben eine Zitrone gibt, mach' Limonade draus!". Auch dieser Vorteil lässt sich biologisch erklären: Diejenigen Individuen werden von der Selektion bevorzugt, die nicht gleich vor jeder Schwierigkeit kapitulieren, sondern sich geistig und körperlich widerstandsfähig, anpassungsfähig und erfinderisch zeigen – auch weil sie die Gewissheit haben, in existenziellen Grenzsituationen im Glauben Stärke und Trost zu finden.

Angesichts der dargelegten Fakten müssen Dawkins Aussagen, dass Kirche und Gottesglauben verderblich und die Gläubigen therapiebedürftige Kranke seien, als biologisch unsinnig bezeichnet werden. Er muss sich gefallen lassen, in die gleiche Reihe gestellt zu werden wie zum Beispiel die Kreationisten: Während er die Wissenschaft benutzt, um den Glauben zu diskreditieren, benutzen umgekehrt die Kreationisten den Glauben, um die Wissenschaft zu korrigieren. Das wird insbesondere bei der Interpretation des biblischen Schöpfungsberichts deutlich: Er darf nicht als Schöpfungslehre, sondern muss als zeitgenössischer Schöpfungshymnus verstanden werden.

Vielleicht wollte Dawkins aber auch nur den religiös begründeten Fanatismus anprangern, der so viel Leid und Schrecken über die Menschheit gebracht hat und heute noch bringt. Dann übersieht er aber, dass die Religionen im Grunde friedfertig und menschenfreundlich ausgerichtet sind und nur Machtstreben beziehungsweise ein reformunwilliges Festhalten an überholten moralischen und politischen Strukturen soviel Unmenschlichkeit hervorbringen kann – man denke nur an die christliche Inquisition vergangener und den islamistischen Terror unserer Tage.

Abschließend lässt sich feststellen, dass die Erfahrung der Begrenztheit des Ich-Bewusstseins den Menschen zu einem Transzendenz-Bewusstsein und auf diese Weise zur Religiosität führt. „Cogito ergo sum!" („Ich denke, also bin ich!") steht demnach gleichberechtigt neben „Cogito ergo credo!" („Ich denke, also glaube ich!"). „Naturwissenschaft oder Glaube?", diese Frage stellt sich nicht. Es geht um „Glaube wegen Naturwissenschaft!". Albert Einstein meinte dazu: „Naturwissenschaft ohne Religion ist lahm, Religion ohne Naturwissenschaft blind." Und schon Louis Pasteur stellte fest: „Ein wenig Wissenschaft entfernt uns von Gott, viel jedoch führt uns zu Gott zurück." Viele andere bedeutende Naturwissenschaftler teilen diese Meinung. Max Planck sagte: „Für den gläubigen Menschen steht Gott am Anfang, für den Wissenschaftler steht er am Ende aller Überlegungen." Und Werner Heisenberg bekannte: „Der erste Schluck aus dem Becher der Naturwissenschaft macht atheistisch, aber auf dem Grunde des Bechers wartet Gott!"

Diese Beispiele können uns zu der Einsicht führen, dass die Erkenntnisse der Naturwissenschaften den theologischen Aussagen nicht widersprechen oder ihnen Grenzen setzen. Im Gegenteil: Sie erschließen allem Religiösen neue Möglichkeiten der Interpretation und weisen dem Menschen neue Wege zum Glauben.

Kapitel 7

Leben lohnt!

Über den Sinn des Lebens

„Was ist der Sinn des Lebens?" Fragt man die Jugend, so kann man als Antwort erhalten: „Wer so fragt, muss krank sein!", oder, in Anlehnung an einen Poptitel, „Live is Life!". Solche Antworten zeugen von der Sorglosigkeit und der Unbekümmertheit, wie sie für eine glückliche, unbeschwerte Jugendzeit typisch und natürlich wünschenswert ist. Wenn nun aber die jungen Menschen, aus dem elterlichen und schulischen Schonraum entlassen, selbst Verantwortung übernehmen und sich wirklich sorgen und kümmern müssen, werden sie bald über den Sinn ihres Handels nachdenken und schließlich auch nach dem Sinn des Lebens fragen. Der Mensch ist nun einmal ein Sinn suchendes Wesen, und ein Leben ohne Sinn lässt den Menschen sinnlos erscheinen. Dazu auch der Hinweis von Friedrich Nietzsche: „Wer ein Warum zu leben hat, erträgt fast jedes Wie!"
Welche Hilfe können nun die Naturwissenschaften bei der Suche nach dem Sinn des Lebens anbieten? Eigentlich keine, denn Sinnfragen dürfen nicht Gegenstand naturwissenschaftlicher Forschung sein. Sie lassen sich nun einmal nicht per Experiment überprüfen. Aber die Erkenntnisse der Naturwissenschaften eröffnen Ausblicke, die bei der Suche nach dem Sinn des Lebens Orientierung bieten können. Das jedenfalls meinen diejenigen, die sich mit dem Leben und den Eigenheiten des Menschseins naturwissenschaftlich auseinandergesetzt haben und die der Frage nach dem Sinn der menschlichen Existenz nicht ausweichen wollen, nur

weil sie sie als Naturwissenschaftler nicht beantworten können. Mit besonders großem Engagement widmete sich der Biologe Carsten Bresch dieser Problematik. In seinem schon zum Klassiker gewordenen Buch „Zwischenstufe Leben – Evolution ohne Ziel?" beschäftigt er sich mit dem Verlauf der Evolution, vom Urknall bis zum Menschen, um dann in einem „Epilog – jenseits von Wissenschaft" Antworten auf die Frage nach dem Sinn der menschlichen Existenz zu geben. Hat die Evolution ein Ziel und das Leben einen Sinn? Für Bresch sind das rhetorische Fragen. Er sieht das Ziel der Evolution in einer Vereinigung von kleinen Strukturen zu immer größeren, komplexeren Einheiten. Er bezeichnet dies als Musterwachstum. Es ist verbunden mit der Zunahme von Komplexität und Ordnung. Es führt von den Elementarteilchen über die kleinen Atome und die großen Moleküle hin zu den Lebewesen, zunächst zu den Einzellern, dann zu den Vielzellern und schließlich zu den mit Bewusstsein begabten Menschen. Unter der „Regie" des Bewusstseins nimmt die Komplexität weiter zu: vom Faustkeil zum Computer, vom Dorf- zum Welthandel und von der Sippe zur Staatengemeinschaft. Überall Musterwachstum, Zunahme von Komplexität und Zunahme von Ordnung! Sein „Heureka", ich habe es gefunden, das Ziel der Evolution, stimmte den Biologen Bresch so euphorisch, dass er zu dichten begann und in seinem „Epilog" formulierte:

„... Elementarteilchen ziehen sich an,
Atome werden zum Verband,
und Menschen werden zur Menschheit.
In allen Phasen der Evolution besteht das ewig gleiche Ziel,
durch Vereinigung Teil eines Mehr zu werden ...“
Und er folgert:
„Sinnvoll ist jedes Tun, das mit der Entwicklung ist,
das Muster wachsen lässt ...“

„Klingt gut, ist aber falsch!" sagen die Physiker. Sie weisen darauf hin, dass alle Strukturen im Universum, ob nicht lebendig oder lebendig, und alle Vorgänge im Universum – auch die Evolution – den Gesetzen der Physik zu gehorchen haben. Und ein Musterwachstum, also eine Ordnungszunahme, widerspricht dem zweiten Hauptsatz der Thermodynamik (Wärmelehre). Dieser besagt, dass nicht die Ordnung, sondern die Unordnung im Universum zunimmt.

Das Streben nach Unordnung

Nach Albert Einstein gebührt den beiden Hauptsätzen der Thermodynamik ein besonders hoher Rang unter den Naturgesetzen. Sie gelten für sogenannte geschlossene Systeme. Das sind Strukturen, denen weder Energie noch Materie zugeführt oder entzogen wird. Unser Universum ist ein solches geschlossenes System. Der erste Hauptsatz besagt nun, dass die Energiemenge im Universum konstant ist. Energie wird demnach weder erzeugt noch vernichtet, sondern lediglich umgewandelt. Dass solche Energieumwandlungen möglich sind, lehrt uns der tägliche Umgang mit elektrischen Geräten zum Beispiel in der Küche. Der zweite Hauptsatz ergänzt den ersten insofern, als er Auskunft darüber gibt, in welche Richtung die Energieumwandlung verläuft: Sie ist stets so gerichtet, dass sie die Unordnung im Universum, die sogenannte Entropie, vergrößert. Ein Beispiel möge diesen Sachverhalt veranschaulichen: Wir nutzen die elektrische Energie aus der häuslichen Steckdose zum Betreiben einer Kaffeemaschine und bereiten uns eine Tasse heißen Kaffees. Dabei wird elektrische Energie in Wärmeenergie umgewandelt. Der Kaffee in der Tasse kühlt nun allmählich ab. Dabei wächst die Unordnung, denn die geballte Wärme des Tasseninhalts verteilt sich rasch auf Tasse, Teller, Tisch und Zimmerluft. Dass ein solcher Vorgang umgekehrt verläuft, ist nie beobachtet worden. Nicht umsonst wird uns vom Elektrizitätswerk eine Rechnung über „verbrauchte" Energie präsentiert. Wir haben sie aber beim Kaffeekochen nicht vernichtet, sondern lediglich entwertet, das heißt, sie in eine „unordentliche" Energieform, die Wärme, umgewandelt und sie damit dem weiteren nutzbringenden Zugriff durch den Menschen entzogen. Auch das spontane Diffusionsbestreben von Gasen gehört hierher: Wenn es in einer Ecke eines Raumes übel riecht, wird man diesen üblen Geruch bald im ganzen Raum verspüren. Dass sich ein übler Geruch wieder in eine Ecke zurückzieht, wie der Märchengeist in eine Flasche, wurde ebenfalls noch nie beobachtet. Auch ein Schreibtisch räumt sich nicht von selbst auf; er wird auf natürliche Weise immer unordentlicher ...

Der Trick der Natur

Wer hat nun Recht, die Physiker, die sich auf den zweiten Hauptsatz der Thermodynamik und damit auf das Streben nach einer Unordnungszunahme berufen, oder die Biologen, die auf das Musterwachstum im Verlaufe der Evolution und damit auf die Ordnungszunahme verweisen? Auch das Grünen und Sprießen, das uns die Pflanzen in jedem Frühjahr stets neu vor Augen führen, sehen die Biologen als Widerspruch zu den Aussagen der Physiker.
Wenn sich Biologen und Physiker streiten, freuen sich die Chemiker, vermittelnd eingreifen zu dürfen. Es war insbesondere der Nobelpreisträger für Chemie Ilya Prigogine, der mit seinen wissenschaftlichen Arbeiten zeigen konnte, dass – wie könnte es anders sein – beide

Seiten Recht haben. Er legte dar, dass der aufgezeigte Widerspruch nur ein scheinbarer ist. Denn was spricht gegen die Existenz von geordneten Strukturen im Universum, wenn sie mithelfen, die Unordnung, die Entropie, im Universum insgesamt zu vermehren? Als Teilsysteme des Universums stellen sie keine geschlossenen, sondern im Austausch mit ihrer Umgebung stehende sogenannte offene Systeme dar. Zur Aufrechterhaltung ihrer eigenen Ordnung müssen offene Systeme ihrer Umgebung Energie, das heißt, Ordnung entziehen und damit Unordnung und letztendlich Wärme produzieren. Auch wir Menschen, das sei schon vorweggenommen, gehören zu diesen offenen Systemen. Wir verdanken unsere Ordnung der Zerstörung der Ordnung anderer Lebewesen: Wir töten sie und nutzen sie als Nahrung.

Ordnung, ja bitte, aber nur, wenn dadurch die Unordnung insgesamt vermehrt wird, gebietet der zweite Hauptsatz der Thermodynamik. Die lokale Ordnung muss durch die Vermehrung der globalen Unordnung erkauft werden! Das Entropiegesetz belegt die Herstellung von Ordnung sozusagen mit einer „Luxussteuer", wobei der Mensch durch seine Existenz und sein Verhalten – das wird bald deutlicher – für das größte Aufkommen dieser „Steuer" sorgt.

Der Mensch und alle anderen offenen Systeme mit ihren geordneten Strukturen verdanken ihre Entstehung der ungleichen Verteilung der Energie im Universum, zum Beispiel dem Gegensatz von „heißer Sonne" und „kalter Erde". Zur Veranschaulichung dieser Tatsache soll das Zustandekommen der „geordnet wehenden" Passatwinde betrachtet werden: Am Äquator wird die Luft durch die Sonneneinstrahlung stark erwärmt, steigt auf, kühlt sich in der Höhe ab, sinkt wieder zu Boden und strömt an der Erdoberfläche nördlich und südlich des Äquators, durch die Erdumdrehung schräg verschoben, zum Äquator zurück. Diese Konvektionsströme wandeln geordnete, hochwertige Sonnenenergie in weniger hochwertige Windenergie und schließlich in ungeordnete, niedrigwertige Reibungswärme um. Sie helfen auf diese Weise, den Energieunterschied „heiße Sonne" – „kalte Erde" beschleunigt abzubauen. Zu den Konvektionsströmen gehören auch die Hoch- und Tiefdruckwirbel, die Taifune und Monsune sowie die Meeresströmungen und die Wellen des Wassers. Sie alle entstehen spontan und verschwinden genauso spontan, wenn keine Energie- beziehungsweise Ordnungsunterschiede mehr vorliegen: Kommt über dem ruhigen Wasser ein Wind auf, bilden sich Wellen. Die bewegte Luft versetzt die Wasserteilchen in eine geordnete rollende Auf-und-Ab-Bewegung. Aus Windenergie wird Wärmeenergie. Schläft der Wind ein, „sterben" die Wellen.

„Unsterblich" dagegen verhalten sich offene Systeme, die sich durch das Phänomen Leben auszeichnen, denn sie können sich selbständig erhalten und vermehren. Zudem sind sie meist nicht auf lokal verfügbare Energieunterschiede angewiesen: Ein Maikäfer zum Beispiel, der einen Baum kahl gefressen hat, sucht sich einen neuen, und das alle Jahre wieder – nicht er, aber seine Nachkommen ...

Alle offenen Systeme auf unserem Planeten, alle geordneten Strukturen, ob lebendig oder nicht lebendig, dienen der Natur, wie am Beispiel der Passatwinde und des Maikäfers erläutert, als „Werkzeuge" zum beschleunigten Abarbeiten des Energieunterschieds „heiße Sonne" – „kalte Erde". Von der hochwertigen geordneten Lichtenergie, die die Sonne auf die Erde einstrahlt, bleiben nach Abzug der von der Atmosphäre sofort reflektierten Energie noch zwei Drittel übrig. Diese werden von den beschriebenen geordneten Strukturen unseres Planeten im Wasser zu etwa 50%, in der Luft zu etwa 30% und an Land (einschließlich der Lebewesen) zu etwa 20% in niedrigwertige Wärmeenergie umgewandelt und als solche ins Weltall zurückgestrahlt. Ein Teil davon wird übrigens durch den natürlichen Treibhauseffekt in der Atmosphäre zwischengespeichert und ermöglicht so die Existenz von Leben auf unserem Planeten.

Die Erde ist also dank ihrer geordneten Strukturen eine gewaltige „Entropiemaximierungsmaschine". Ordnung entpuppt sich damit als ein Trick der Natur, um mehr und schneller Unordnung zu schaffen. Dass dies auch im täglichen Leben so abläuft, lehrt die folgende Erfahrung: Begeisterte Schwimmer, die ihre überschüssigen Energien loswerden wollen, zieht es ins Schwimmbad. Befinden sich nur wenige Schwimmer im Schwimmbad, gibt es keine Probleme. Anders verhält es sich, wenn das Schwimmbad überfüllt ist. Jetzt ist ein ungehindertes Schwimmen und damit ein „Verbrennen" überflüssiger Pfunde nur dann möglich, wenn sich die Schwimmer zu einem geordneten Schwimmen in Kreisbahnen entschließen ...

Der Mensch, das beste „Werkzeug"

Zwischen dem von den Biologen als roten Faden der Evolution erkannten Musterwachstum und dem von den Physikern postulierten Streben nach Unordnung und der damit verbundenen vermehrten Wärmeproduktion kann ein Zusammenhang hergestellt werden. Er lässt die Bedeutung der Evolution und die Rolle des Menschen auf der Erde in einem völlig neuen Licht erscheinen.

Tatsächlich geht mit der Evolution des Universums eine Entwicklung zu immer komplexer werdenden, als offene Systeme fungierenden, wärmebildenden Mustern einher: Je nach Wirksamkeit der Unordnungsvermehrung – und damit der Wärmebildung – lassen sich vier Typen von offenen Systemen unterscheiden. Ein Vergleich mit unterschiedlich leistungsfähigen Automodellen und ihrem Benzinverbrauch drängt sich auf: Die geringste Effizienz zeigen Systeme, die nur bei ihrer Erzeugung Wärme produzieren. Das ist der Fall bei Kristallisationsprozessen, wie sie zum Beispiel bei der Glatteisbildung oder dem Herstellen von Kunstschnee mittels Schneekanonen vorkommen. Hier treffen die Gegensätze „kalte Luft" und flüssiges, also „relativ warmes" Wasser aufeinander: Das Wasser gefriert zu geordneten Kristallen, indem die Wassermoleküle auf feste Plätze im Eiskristall rutschen und dabei ihre Bewegungsenergie als Wärmeenergie an die kalte Luft abgeben. Als ein analoges Geschehen lässt sich das „Ausfrieren" der ersten Materieteilchen gleich nach dem Urknall vor etwa 13 Milliarden Jahren begreifen. Etwas komplexer ist ein zweiter Mechanismus der Wärmebildung: Bei ihm wird hochwertige Energie nicht allein zur Erzeugung, sondern auch zur Unterhaltung von geordneten Strukturen verwendet und auf diese Weise in Wärme umgewandelt. Prigogine nennt solche offenen Systeme „dissipative" Strukturen, um ihre „energiezerstreuende" Eigenschaft zu betonen. Zu ihnen gehören die bereits angeführten Konvektionsströme: die Windgürtel, die Wirbelstürme, die Wellen des Wassers und auch die Wanderdünen der Wüste.

Ein dritter, noch effektiverer Mechanismus der Wärmebildung kommt mit der Entstehung von Lebewesen ins Spiel. Lebewesen sind dissipative Strukturen, die sich selbständig erhalten, vermehren und weiterentwickeln können. Mit ihnen hat sich das Prinzip der Bildung von lokaler Ordnung zur Vermehrung der globalen Unordnung und Wärmebildung verselbständigt. Pflanzen und Tiere arbeiten dabei Hand in Hand: Die Pflanzen binden die Sonnenenergie in Form von energiereichen Nährstoffen, allerdings nur mit einem Wirkungsgrad von etwa 30%. Der große Rest wird als Wärme frei. Die Tiere – unterstützt durch Pilze und Bakterien – nutzen die pflanzlichen Nährstoffe als Nahrung und wandeln sie durch „Verbrennung" endgültig in Wärmeenergie um.

Im Menschen jedoch hat die Natur mit ihrem Streben nach Entropiemaximierung durch Wärmeproduktion ihr aktuell bestes „Werkzeug" gefunden. Denn der Mensch hat nicht nur körperliche sondern dank seines Bewusstseins auch noch geistige Bedürfnisse zu befriedigen. Aus seiner Umwelt macht er eine Kulturwelt, eine gewaltige Energie verschlingende Maschinerie, zu deren Betrieb auch körperfremde Energiequellen wie Erdöl und Kohle genutzt, das heißt, durch Verbrennen zu Wärmeenergie „verunordentlicht" werden: Die Nacht macht der Mensch durch künstliche Beleuchtung zum Tag; der Kälte des Winters und der Hitze des Sommers trotzt er mit Heizungen beziehungsweise mit Klimaanlagen; Automobile und Flugzeuge fördern seine Mobilität, und wechselnde Moden sowie besondere Ansprüche an Ernährung und Unterhaltung befriedigen das nur dem Menschen eigene Streben nach Luxus. So ist es nicht weiter verwunderlich, dass sich der Energieverbrauch, auf den einzelnen Menschen bezogen, allein in den letzten einhundert Jahren verfünffacht hat – und das bei einer rasant wachsenden Erdbevölkerung!

Schlussfolgernd lässt sich feststellen, dass die Evolution vom Urknall bis heute im physikalischen Sinne nichts anderes ist als ein optimal funktionierender Mechanismus zum Auffinden immer besserer „Werkzeuge" mit dem Ziel, den Prozess der Unordnungsvermehrung durch Wärmebildung zu beschleunigen. Und der mit Bewusstsein begabte Mensch stellt offensichtlich die

augenblickliche Spitzenleistung der irdischen Evolution dar. Er ist das aktuell beste „Werkzeug" im Dienste
der „Energievernichtung", der Unordnungsvermehrung und der Wärmeproduktion.

„Im Anfang war das Wort", liest man im Johannes-
Evangelium; „Im Anfang war die Tat", meint Goethes
Faust und „Im Anfang war der Unterschied", sagen die
sich an der Thermodynamik orientierenden Physiker.
Und wir alle verspüren es im eigenen Erleben: Es sind
die Unterschiede „heiß und kalt", „viel und wenig",
„reich und arm" und auch „männlich und weiblich",
die die Welt auf Trab halten – im positiven wie im negativen Sinne!

Mit Hilfe der im Verlaufe der Evolution immer komplexer werdenden Muster werden alle Energieunterschiede
durch Wärmebildung „eingeebnet", bis ein gleichmä-
ßiges „Lau" das Universum ausfüllt. Die Physiker pos-
tulieren einen „Wärmetod" des Universums, einen
Zustand, bei dem es keine Bewegung und keine Zeit
mehr gibt. Ruhe und Finsternis werden in sehr ferner
Zukunft das Bild des Universums bestimmen. Bis dahin
gilt die hoffnungsbange Devise: „Vive la différence!" –
„Es lebe der Unterschied!", so lange es ihn noch gibt!
Ob es dann in noch fernerer Zukunft wieder neue Unterschiede geben wird, möglicherweise durch eine die
Expansion ablösende Kontraktion (Hypothese vom
„pulsierenden Universum"), ist (noch) nicht geklärt ...
Das also ist der Mensch: Entstanden, wie alle offenen
Systeme, durch das Auftreten von Energie- beziehungsweise Ordnungsunterschieden in einem nach dem Urknall sich zu schnell ausdehnenden Universum; geschaffen, zur Beseitigung dieser Unterschiede, das heißt, zur
Vermehrung der Unordnung im Universum; angetreten
also, zur Vernichtung dessen, dem er seine Existenz verdankt. Der Mensch ist demnach auf dem besten Weg,
sich selbst überflüssig zu machen. Eine schockierende
Offenbarung!

Der tiefe Sturz des Menschen

Die sich dem Menschen immer wieder aufdrängende Frage nach seiner Bestimmung und Eigenart erhält also durch die moderne Physik eine neue Antwort, eine deprimierende allerdings: Sie degradiert den Menschen zum bloßen „Werkzeug"!
Es ist nicht die erste Degradierung des Menschen durch die Wissenschaft. Noch vor etwa vierhundert Jahren galt der Mensch als „Ebenbild Gottes". Nach dem von der Kirche weitgehend übernommenen Weltbild des Aristoteles und Ptolemäus stand er und seine Erde im Mittelpunkt des Universums, umgeben von einer Welt der Sphären und Kugeln, eingebettet in den Himmel, die Wohnung Gottes und der Auserwählten. Der Astronom Kopernikus, der Physiker Galileo Galilei und der scharfzüngige Verfechter der Gedankenfreiheit Giordano Bruno brachten dieses Weltbild mit ihrer wissenschaftlichen Argumentation zum Einsturz. „Meine Herren, der Glaube an die Autorität des Aristoteles ist eine Sache, Fakten, die mit den Händen zu greifen sind, eine andere", lässt Brecht Galilei sagen. Galilei und seine Anhänger setzten die Sonne ins Zentrum des Universums, drängten die Erde an dessen Rand und machten Gott, den „unbewegten Beweger", arbeits- und wohnungslos. Giordano Bruno büßte dafür auf dem Scheiterhaufen, und Galilei wurde als Ketzer verurteilt. Dennoch, das geozentrische Weltbild des Ptolemäus wurde schließlich durch das heliozentrische von Galilei abgelöst. Der Mensch sah sich jetzt zu einem Bewohner eines beliebigen, um die Sonne kreisenden Planeten herabgestuft. Mehr noch: Auch die anderen Gestirne mussten als Sonnen aufgefasst werden. Wie unsere Sonne konnten auch diese von Planeten umgeben sein. Und warum sollte es nicht auch dort Menschen oder menschenähnliche Wesen geben? Die Welt

war ihres Mittelpunktes enthoben, und der Glaube an die Einmaligkeit des göttlichen Schöpfungsaktes geriet ins Wanken. Endgültig zerstört wurde er dreihundert Jahre später durch Darwins Evolutionstheorie.

Charles Darwin führte überzeugende Beweise dafür an, dass sich der Mensch, wie alle anderen Lebewesen auch, nach dem Prinzip der natürlichen Auslese aus früheren, einfacheren Formen entwickelt hat. „Es ist nur unser natürliches Vorurteil und jene Anmaßung, die unsere Vorfahren erklären ließen, dass sie von Halbgöttern abstammten ...", schreibt Darwin im Jahre 1871. Und „Wir sind heute viel überzeugtere Darwinisten, als Darwin es einst war – und dies mit viel besseren Argumenten!", bekräftigt der Nobelpreisträger Konrad Lorenz. Damit gibt der Mensch zu, selbst Tier zu sein. Er degradiert sich zum „nackten Affen".

Der tiefe Sturz des Menschen vom „Ebenbild Gottes" hinab auf die Stufe eines Affenverwandten findet heute seine Fortsetzung in der Degradierung des Menschen zu einem „Werkzeug der Unordnungsvermehrung" durch die moderne Physik.

Vom Natur- zum Kulturwesen und von der Entropie- zur Humanitätsmaximierung

Gewiss, der Mensch als Naturwesen steht im Dienste der Entropiemaximierung und damit der Unordnungsvermehrung und der Wärmeproduktion. Diesen Sachverhalt können wir nicht leugnen. Es ist das Schicksal aller geordneten Strukturen auf unserem Planeten. Aber „Mensch-Sein" gleich „Werkzeug-Sein", das ist unmenschlich! Das kann der Mensch als Sinn des Lebens nicht akzeptieren! Der Mensch muss seinem Leben einen typisch menschlichen Sinn geben, um nicht als Mensch sinnlos zu erscheinen!

Aber was ist „typisch menschlich"? Das, was den Menschen von den Tieren unterscheidet, ist seine Begabung mit einem gut funktionierenden Bewusstsein. Es macht aus dem „Naturwesen Mensch" das „Kulturwesen Mensch". Und als Kulturwesen ist der Mensch aufgerufen, der Humanitätsmaximierung zu dienen! „Edel sei der Mensch, hilfreich und gut, denn das allein unterscheidet ihn von allen Wesen, die wir kennen!", fordert Goethe in seinem Gedicht „Das Göttliche". Für den Pantheisten Goethe ist das ein „Gottes-Dienst", dem sich auch alle ein Weltethos einfordernden Nichtgläubigen anschließen können. Heute sollten wir – Goethes Aufruf ergänzend – noch hinzufügen: „... und Verantwortungsbewusstsein zeigen im Umgang mit der Natur!".

Diese Herausforderung anzunehmen, sich einzusetzen für die weltweite Verwirklichung und Einhaltung der Menschenrechte, mitzuhelfen, Armut, Analphabetentum und Krankheiten zu bekämpfen sowie – nicht nur als Kontrapunkt zur naturgewollten Entropiemaximierung – das Umweltbewusstsein zu fördern und das Anspruchsdenken zu reduzieren ..., das alles kann unserem Leben einen typisch menschlichen Sinn geben!

Die Besinnung auf die „grandeur de l'homme", wie sie der französischen Philosoph und Mathematiker Blaise Pascal vor dreihundert Jahren beschrieb, kann uns bei unserem Streben nach einem sinnvollen Leben zusätzlich Mut machen: „Der Mensch ist zwar schwach und klein ..., und er weiß, dass das Universum stärker ist als er. Das Universum aber weiß bei all seiner Größe nicht um seine Größe. Daher ist der Mensch durch sein Wissen, und sei es auch nur Wissen um seine Kleinheit, dem Universum überlegen."